XINGZHENG SUSONG CHESU ZHIDU
YANJIU BAOGAO

向忠诚 邓辉辉◎著

# 行政诉讼撤诉制度研究报告

中国政法大学出版社

2019 · 北京

图书在版编目（CIP）数据

行政诉讼撤诉制度研究报告/向忠诚,邓辉辉著.—北京:中国政法大学出版社,2019.8

ISBN 978-7-5620-9176-9

Ⅰ.①行… Ⅱ.①向… ②邓… Ⅲ.①行政诉讼－司法制度－研究报告－中国 Ⅳ. ①D925.310.4

中国版本图书馆 CIP 数据核字(2019)第 181022 号

---

出 版 者　中国政法大学出版社

地　　址　北京市海淀区西土城路 25 号

邮寄地址　北京 100088 信箱 8034 分箱　邮编 100088

网　　址　http://www.cuplpress.com（网络实名：中国政法大学出版社）

电　　话　010-58908586(编辑部) 58908334(邮购部)

编辑邮箱　zhengfadch@126.com

承　　印　固安华明印业有限公司

开　　本　880mm×1230mm　1/32

印　　张　7

字　　数　170 千字

版　　次　2019 年 8 月第 1 版

印　　次　2019 年 8 月第 1 次印刷

定　　价　39.00 元

# 内容提要

Executive summary

本书所称的行政诉讼撤诉，是指第一审的原告、第二审程序的上诉人、再审程序的再审申请人，在法院依法立案以后至宣告判决或其他情形下的本审级诉讼程序结束之前，主动申请撤回诉讼，经法院审查并裁定准许撤诉，或者原告、上诉人、再审申请人虽无申请撤回诉讼的意思表示，但其在诉讼中的某些行为在法律上视为其不愿继续进行诉讼，法院依其默示行为，经审查后裁定按撤诉处理。本书对行政诉讼撤诉制度进行研究，目的是为矫正不正常的行政诉讼撤诉而使其正常化提供对策。行政诉讼中的正常撤诉，是指行政诉讼撤诉制度的设计科学，当事人提出撤诉申请是出于自己真实的意思表示，法院裁定准许撤诉不损害国家利益、社会公共利益和他人的合法权益，不违反法律的禁止性规定。行政诉讼中的非正常撤诉，是指行政诉讼撤诉制度的设计不科学，或者当事人申请撤诉不是出于自己真实的意思表示，或者法院裁定准许撤诉可能会损害国家利益、社会公共利益和他人的合法权益，或者违反法律的禁止性规定。

本书简要考察了不同法域的行政诉讼撤诉制度，对我国行政诉讼撤诉制度在设计上的相关问题，从主动申请撤诉制度、因被告改变被诉行政行为原告同意并申请撤诉制度、拟制撤诉制度、撤诉法律后果制度以及第二审程序和再审程序中的撤诉制度等五个方面进行了探讨，分析了我国行政诉讼撤诉制度在运行中存在的问题和行政诉讼撤诉制度相关问题产生的原因，对行政诉讼撤诉制度改革的理论基础和基本原则进行了阐述，重点研究了行政诉讼撤诉制度的改革措施。

本书的主要观点是：

(1) 行政诉讼撤诉制度在运行中的相关问题是，行政案件撤诉率居高不下；当事人申请撤诉不是出于自己的真实意思表示；当事人因行政协调而申请撤诉的不合理之处十分明显。

(2) 行政诉讼撤诉制度改革的理论基础为，行政诉讼价值理论、行政诉讼目的理论、行政诉权理论和行政诉讼行为理论。处分权与审判权平衡的原则以及行政权与审判权平衡的原则是行政诉讼撤诉制度改革的基本原则。

(3) 行政诉讼撤诉制度存在相关问题的原因，既有观念上的，又有司法体制和其他方面的。改革行政诉讼撤诉制度，应当弘扬法律文化，强化对当事人行政诉权保护的意识，改革司法体制，探索建立专门的行政法院，对司法权司法功能的发挥更加重视，对司法行政化的现象予以遏制，并且应当建立行政诉讼撤诉审查的检察监督制度。

(4) 主动申请撤诉的条件，应当从申请的主体、申请的时间、被告的同意权、法院对申请的审查内容等方面进行规范，并且还要明确对法院裁定先予执行或者保全的案件申请撤诉和在被告提出管辖异议后申请撤诉的特殊规则。法院对当事人的撤诉申请进行审查时，不必审查被诉行政行为的合法性。

(5) 主动申请撤诉，应当对申请采取何种形式、被告如何行使同意权、法院对原告如何进行询问和风险告知、如何规制法院不正当的准许撤诉行为以及法院作出裁定的时间、形式和内容等程序问题作出规定。

(6) 法院在行政诉讼中不能建议被告改变被诉行政行为。被告改变被诉行政行为原告同意并申请撤诉，适用主动申请撤诉的条件和程序规则，法院不能审查原告未起诉的被告改变后的行政行为合法性。

(7) 应当更为严格地规定拟制撤诉的情形。原告经法院传票传唤无正当理由拒不到庭或者未经法庭许可中途退庭的，只有在其收到法院送达的按要求实施诉讼行为的通知后一个月仍不按法院的要求实施诉讼行为时，法院才可裁定按撤诉处理。在起诉时，原告没有依法解决预交案件受理费问题的，法院不能裁定按撤诉处理，应当作出不予立案或驳回起诉的裁定。法院对拟制撤诉的情形，应当依照申请撤诉的条件和程序规则进行审查后，才能裁定按撤诉处理。

(8) 法院裁定准许原告撤诉或者按撤诉处理后，以同一事实和理由，原告在法定的起诉期限内重新起诉的，法院应当受理。原告重新起诉的期限不因撤诉而中断。

(9) 应当对法院准许撤诉或者按撤诉处理的裁定申请再审的事由作出明确规定。法院再审后，认定原准许撤诉或者按撤诉处理的裁定确有错误的，撤销原裁定，原来审理该案件的法院继续对案件进行审理。

(10) 法院裁定不准许撤诉或者法院不按撤诉处理，应当继续依法对案件进行审理，及时作出裁判；法院对经传票传唤无正当理由拒不到庭或者未经法庭许可中途退庭的原告，可以缺席判决。

(11) 在行政诉讼制度中调解制度有存在的空间，行政诉讼的撤诉制度与调解制度的区别十分明显，因此，行政诉讼的撤诉制度应当与调解制度相分离。在行政诉讼中，法院主持当事人达成调解协议的，应当制作调解书，不得裁定准许撤诉。

(12) 第二审程序和再审程序中的撤诉制度，自身有特殊规定的，适用特殊规定；没有特殊规定的，适用撤诉制度的其他有关规定。

(13) 第二审程序的上诉人或者再审程序的再审申请人有权申请将上诉或者再审申请予以撤回。在第二审程序和再审程序中，原告不得撤回起诉，对原告也不得适用拟制撤诉制度。

(14) 提起上诉或者申请再审的为双方当事人，申请撤回上诉或者撤回再审申请的仅为一方当事人，不影响另一方当事人提起上诉或者申请再审的权利，法院对另一方当事人提起上诉或者申请再审的案件继续审理。

(15) 对上诉人或者再审申请人可以适用拟制撤诉制度。

(16) 检察机关提出再审检察建议或抗诉依当事人的申请，申请提出再审检察建议或抗诉的当事人有权向法院申请撤回再审案件，对申请提出再审检察建议或抗诉的当事人可以适用拟制撤诉制度。

(17) 对法院依职权启动再审的案件，申诉人不得撤回申诉，对申诉人也不得适用拟制撤诉制度。

(18) 法院裁定准许上诉人撤回上诉，一审裁判发生法律效力，当事人不得再次提起上诉。法院裁定准许再审申请人撤回再审申请，当事人不得再次向法院申请再审。

# 前　言

Preface

从世界范围来看，在宪法上规定行政诉讼制度的国家目前大约有70个。在我国，中华人民共和国成立以后，行政诉讼的宪法原则在1954年《宪法》中就得到了确立，但是，在很长一段时间内，行政诉讼制度并没有建立起来。直到1979年至1982年，在某些单行的法律或者法规中，才开始对行政诉讼的问题予以规定。1982年《民事诉讼法（试行）》[1]第3条第2款规定，法律规定由人民法院审理的行政案件，适用本法规定，从此我国的行政诉讼进入了依附于民事诉讼法的阶段。1989年《行政诉讼法》的颁布，标志着我国行政诉讼制度的正式确立。2014年，我国对《行政诉讼法》作了重大修正，[2]行政诉讼制度得到了进一步的完善和发展。

自1989年《行政诉讼法》颁布以来，我国的行政诉讼制度在推进法治的进程中发挥了十分重要的作用。2014年《行政诉讼法》的修正，表明行政诉讼制度在我国发展到了一个新的更高的阶段。但是，令人遗憾的是，2014年《行政诉讼法》的修正，对行政诉讼撤诉制度没有作出实质性的修改，没有体现学术界对行政诉讼撤诉制度的研究成果。在2014年《行政诉讼

---

〔1〕该法现已失效。

〔2〕2014年11月1日，第十二届全国人民代表大会第十一次会议通过了《关于修正〈中华人民共和国行政诉讼法〉的决定》。

法》中，除了扩大了法院调解的适用范围外，无法找到更好地解决行政诉讼撤诉制度在实际运行中存在问题的其他办法。

自1989年行政诉讼制度在我国正式确立以来，行政诉讼撤诉制度就成了我国法学界关注的热点问题之一。早在1993年，我国著名的法学家龚祥瑞教授就指出："行政诉讼中的撤诉，是一个非常复杂的现象，因为当事人提起诉讼又撤诉，这本身就是一个值得研究的现象。"[1]通过梳理国内学者对行政诉讼撤诉制度的研究成果，可以发现其明显具有阶段性的特征，大致可以分为四个阶段。第一个阶段是从1990年至1994年，学者们主要从理论上介绍和从立法上解释行政诉讼的撤诉制度，由于受到主观和客观因素的影响，基本上没有上升到理论层面来研究行政诉讼撤诉制度，这一阶段的代表性论文有：张乃慈的《浅析行政诉讼撤诉制度在实践中的应用》、徐平的《论我国行政撤诉制度》、胡玉鸿的《关于行政诉讼法第五十一条的几个问题》、王元庆的《对人民法院裁定撤诉的行政案件的思考》。第二个阶段是从1995年至2004年，学术界从实证的角度或者诉讼主体平等的视角对行政诉讼非正常撤诉的现象从理论上进行了较为深入的思考，代表性的论文有：孙林生和邢淑艳的《行政诉讼以撤诉方式结案为什么居高不下？——对365件撤诉行政案件的调查分析》、黄家万等的《浅析行政诉讼案件的不当撤诉》、李海亮和罗文岚的《关于非正常撤诉行政案件的法律思考》、何海波的《行政诉讼撤诉考》、李云的《关于行政案件非正常撤诉的思考》、徐苏刚和谭剑的《非正常撤诉——行政诉讼中的法律规避》。第三个阶段是从2005年至2007年，学者们开始对行政诉讼撤诉的问题上升到制度和理论层面进行研究，代表性的论文

---

[1] 龚祥瑞主编：《法治的理想与现实》，中国政法大学出版社1993年版，第125页。本报告在引用参考文献时，直接引用时用引号，间接引用时不用引号。

有：阎桂芳的《行政诉讼撤诉制度研究》、唐芬的《行政诉讼撤诉制度探析》。第四个阶段是从2008年到现在。2008年1月，最高人民法院颁布了关于行政诉讼撤诉的司法解释，肯定了司法实践中因行政诉讼协调而撤诉的做法。这一阶段，一方面，学者们从程序控制的视角对行政诉讼撤诉制度进行了探讨；另一方面，为给行政诉讼协调撤诉寻找合法化的理论依据和回应司法实践的需要，学者们展开了对行政诉讼撤诉制度的研究。代表性的论文有：张显伟的《论对行政诉讼撤诉申请的审查》、史艳丽的《行政诉讼撤诉审查的检察监督》、解志勇的《行政诉讼撤诉：问题与对策》、黄学贤的《行政诉讼撤诉若干问题探讨》、杨飞的《略论行政诉讼撤诉与行政诉讼协调机制——比较、衔接与规范》、林莉红的《论行政诉讼中的协调——兼评诉讼调解》、胡建淼和唐震的《行政诉讼调解、和解抑或协调和解——基于经验事实和规范文本的考量》、谭炜杰的《从撤诉到契约：当代中国行政诉讼和解模式之转型》。此外，江必新和梁凤云的《行政诉讼法理论与实务》、沈福俊的《中国行政救济程序论》、汪庆华的《政治中的司法：中国行政诉讼的法律社会学考察》等学术著作也对行政诉讼撤诉制度进行了研究。

从国外的情况来看，两大法系对行政诉讼撤诉制度的研究存在明显的差异。在英美法系中，基于公民与政府受同一法律支配和受同一法院管辖的理念以及法律面前人人平等的原则，在本质上，对行政行为进行司法审查的程序与民事诉讼程序并不存在区别，一般情况下，行政诉讼中的撤诉也适用民事诉讼的相关规则，在理论上并不存在对行政诉讼撤诉制度的专门探讨。大陆法系与之不同，存在独立于民事诉讼的行政诉讼制度和程序，不仅在民事诉讼法学中研究撤诉制度，在行政诉讼法学中也有对行政诉讼撤诉制度的专门研究。例如，法国学者让·

文森和塞尔日·金沙尔对撤诉的好处、撤诉的适用范围、撤诉的能力、撤诉的形式、撤诉是否要以被告接受为条件以及撤诉的效果和诉讼费用的支付等进行了较为全面的探讨；德国学者弗里德赫尔穆·胡芬教授认为，行政诉讼已经撤诉时法院必须裁决终止程序。在研究我国行政诉讼撤诉制度的改革时，可以对国外学者关于撤诉制度特别是行政诉讼撤诉制度的相关研究成果予以借鉴。

我国行政诉讼撤诉制度在司法实务中的运行，经历了一个从高撤诉率到一定程度的撤诉率下降，再到撤诉率大幅上升的发展过程。由于2014年《行政诉讼法》扩大了行政诉讼调解的适用范围，2015年以后，行政案件的撤诉率有了一定程度的下降，但仍然高达20%左右。

在目前的行政审判实务中，撤诉是行政案件结案的主要方式，行政案件的撤诉率一直高居不下，尤其是非正常撤诉的情况较为普遍。为了对不正常的行政撤诉予以矫正而使其正常化提供对策，笔者申报了2015年广西哲学社会科学规划研究课题“行政诉讼撤诉制度研究”并被批准立项。在本课题批准立项以后，笔者和课题组成员集中一段时间，对该课题进行了专门的研究，完成了本课题的研究成果。本研究成果除前言、绪论和结论外，共分为四个部分，邓辉辉撰写第二部分，其他内容由向忠诚撰写。相对于已有的研究成果，本书不仅对行政诉讼撤诉制度相关问题从不同的视角进行了研究，而且对行政诉讼撤诉制度相关问题产生的原因从观念、体制和制度上进行了挖掘；不仅对行政诉讼撤诉制度改革的措施进行了研究，而且从理论基础和基本原则方面来探讨对行政诉讼撤诉制度的改革问题；不仅对行政诉讼撤诉制度从法学理论方面进行了研究，而且紧密联系行政诉讼立法和司法解释的规定，结合司法实务中的具体情况来探讨行政诉讼撤诉制度的问题，力求使研究成果具有较强的现实意义。在本书撰写的过程中，虽然笔者尽了很大的努力，但由于受到自身学术水平的限制，仍有诸多欠缺之处，敬请学术界同仁予以批评指正。

# 目 录
Contents

# 绪 论

## 一、本书的基本概念

### （一）行政诉讼撤诉的概念

法律概念是研究法律问题的逻辑起点。对行政诉讼撤诉制度的研究，有必要首先对行政诉讼撤诉的概念进行界定。

从学术界的有关著作和论文中，笔者发现，学者们对行政诉讼撤诉的概念在表述上并不完全一致。马怀德教授认为："撤诉是原告或上诉人在自立案至宣告判决或裁定前的诉讼过程中，主动撤回诉讼请求，经人民法院准许而终结诉讼的法律制度。"〔1〕应松年教授认为："撤诉有自愿申请撤诉和视为申请撤诉两种。所谓自愿申请撤诉，是指在判决裁定宣告前的诉讼期间内，原告自动撤回起诉，经人民法院准许而终结诉讼的制度。所谓视为申请撤诉，是指原告经人民法院传票传唤，无正当理由拒不到庭时，或者未经法庭许可中途退庭的，人民法院即可视为原告撤回起诉，以人民法院裁定准许而终结诉讼的制度。"〔2〕江必新和梁凤云法官认为："撤诉是指人民法院对案件宣告判决

〔1〕马怀德主编：《行政诉讼法学》（第4版），北京大学出版社2015年版，第191页。

〔2〕应松年主编：《行政诉讼法学》（第6版），中国政法大学出版社2015年版，第198页。

或者裁定之前，原告以一定的行为主动撤回诉讼请求，申请人民法院终止行政诉讼程序的行为。”[1]姜明安教授认为：“撤诉是原告表示或依其行为推定其将已经成立的起诉行为撤销，法院审查后予以同意的诉讼行为。”[2]章剑生教授认为：“撤诉是指案件宣告判决或裁定之前，原告以法定的方式向法院申请撤回诉讼请求的诉讼行为。”[3]解志勇教授认为：“行政诉讼撤诉是指原告（或上诉人）在法院宣告判决或裁定前主动撤回起诉（或上诉），或以不作为的方式撤回起诉（或上诉），经法院准许而终结诉讼的法律制度。”[4]

对行政诉讼撤诉的概念，上述学者的不同表述为我们准确地界定这一问题奠定了基础。在笔者看来，要对行政诉讼撤诉的概念准确地予以界定，需要厘清以下几个问题：

第一个问题为是从狭义上还是广义上来界定行政诉讼撤诉的概念。应松年教授、江必新和梁凤云法官、章剑生教授仅从行政诉讼的第一审程序来界定行政诉讼撤诉的概念；马怀德教授和解志勇教授对行政诉讼撤诉概念的表述，不仅包括了行政诉讼的第一审程序，而且包括了行政诉讼的第二审程序。事实上，从我国行政诉讼程序的设置来看，存在第一审程序、第二审程序和再审程序[5]的区分，且在这三种程序中都有可能存在

---

〔1〕 江必新、梁凤云：《行政诉讼法理论与实务》（第3版）（下），法律出版社2016年版，第1196页。

〔2〕 姜明安主编：《行政法与行政诉讼法》（第6版），北京大学出版社、高等教育出版社2015年版，第490页。

〔3〕 章剑生主编：《行政法与行政诉讼法》，北京大学出版社2014年版，第424页。

〔4〕 解志勇：“行政诉讼撤诉：问题与对策”，载《行政法学研究》2010年第2期，第37页。

〔5〕 在我国的行政诉讼立法中，再审程序被称为“审判监督程序”，但依笔者看来，称“再审程序’更为准确，故本书使用“再审程序”的提法。

撤诉的情形。要使行政诉讼撤诉制度对整个行政诉讼程序起到规范和指导的作用，就应当从广义上来界定行政诉讼撤诉的概念，将行政诉讼的第一审程序、第二审程序和再审程序中存在的撤诉的情形都纳入规范和研究的对象。当然，我们在规范和研究行政诉讼撤诉制度时，可以以行政诉讼第一审程序的撤诉制度为重心，对行政诉讼第二审程序和再审程序中的撤诉制度，只需明确和探讨其特殊的规则即可。

第二个问题为行使行政诉讼撤诉申请权的主体。这个问题与第一个问题是相关联的。应松年教授、江必新和梁凤云法官、章剑生教授对行政诉讼撤诉概念的表述，仅将原告作为行使行政诉讼撤诉申请权的主体；在马怀德教授和解志勇教授界定的行政诉讼撤诉的概念中，行使行政诉讼撤诉申请权的主体包括了原告和上诉人。如果从广义上对行政诉讼的第一审程序、第二审程序和再审程序中存在的撤诉情形进行高度抽象的概括来界定行政诉讼撤诉的概念，行使行政诉讼撤诉申请权的主体应当包括原告、上诉人和再审申请人。需要说明的是，对这一问题，学者们的认识是存在分歧的，在后述相关问题的研究中，将对此进行专门的探讨和分析。

第三个问题为行政诉讼撤诉的情形。马怀德教授、江必新和梁凤云法官、章剑生教授对行政诉讼撤诉概念的理解，仅限于申请撤回诉讼；应松年教授、姜明安教授和解志勇教授将行政诉讼撤诉区分为申请撤回诉讼和拟制撤诉两种情形。从国内外行政诉讼立法和司法实践中的情况来看，应松年教授、姜明安教授和解志勇教授的观点是可取的。在我国《行政诉讼法》的规定中，对因“被告改变其所作的行政行为，原告同意并申请撤诉的”作了明确的规范，但笔者认为，此种情形不应单独作为行政诉讼撤诉的情形，[1]行政诉讼撤诉只存在申请撤诉和拟制撤诉两种情形。

第四个问题为行政诉讼撤诉在时间方面的要求。这实际上是指适用行政诉讼撤诉制度时间的起点和终点问题。马怀德教授认为，行政诉讼撤诉始于立案，终于宣告判决或者裁定前；应松年教授、江必新和梁凤云法官、章剑生教授、解志勇教授在界定行政诉讼撤诉的概念时，没有明确起点，但对终点均理解为“判决裁定宣告前”或者“宣告判决或者裁定前”；姜明安教授在表述行政诉讼撤诉的概念时，将起点理解为“已经成立的起诉行为”，但对终点并没有明确。明确行政诉讼撤诉制度适用的阶段具有必要性，因为这有利于规范行使行政诉讼撤诉申请权的主体申请撤诉的时间范围。依笔者的认识，行政诉讼撤诉的起点，应定为“法院依法立案以后”，因为“法院依法立案以后”表明诉讼已经成立，撤诉是诉之撤回，如果诉讼尚未成立，就无诉可撤，撤诉的前提就不存在；行政诉讼撤诉的终点，应定为“宣告判决或其他情形下本审级诉讼程序结束之前”。“宣告判决”能够表明本审级的诉讼程序已经结束，但宣告裁定则不一定产生这样的效力。有的裁定的宣告，如终结诉讼的裁定，表明本审级的诉讼程序已经结束，但是，也有许多裁定在宣告后，本审级的诉讼程序并不因此而结束，如中止诉讼的裁定、财产保全的裁定等。法院在宣告这些裁定以后，并不表明有关的当事人就丧失了申请撤诉的权利。“其他情形下本审级诉讼程序结束之前”，是指法院调解生效、终结诉讼的裁定生效等情形。

第五个问题为司法权在行政诉讼撤诉制度中的体现。马怀

[1] 对这一问题，笔者将在本书中进行专门的研究。

德教授、应松年教授、姜明安教授、解志勇教授在表述行政诉讼撤诉的概念时，都表明要“经法院准许”；江必新和梁凤云法官以及章剑生教授，将行政诉讼撤诉仅仅视为当事人申请撤回诉讼的行为。应当说前一种理解是合理的，因为行政诉讼的撤诉会导致行政诉讼法律关系的消灭和行政诉讼程序的终止，单凭当事人申请撤诉的行为并不能产生此种法律后果，并且当事人申请撤诉是其行使处分权的表现，必须和一定程度的国家干预相结合。因此，行政诉讼撤诉制度之中应当有司法权的介入，法院对当事人提出的行政诉讼撤诉申请应当进行审查才能作出是否准许的裁定。

根据上述分析，笔者认为可以对行政诉讼撤诉的概念作如下表述：所谓行政诉讼的撤诉，是指第一审的原告、第二审程序的上诉人、再审程序的再审申请人，在法院依法立案以后至宣告判决或其他情形下本审级诉讼程序结束之前，主动申请撤回诉讼，经法院审查并裁定准许撤诉，或者原告、上诉人、再审申请人虽无申请撤回诉讼的意思表示，但其在诉讼中的某些行为在法律上视为其不愿继续进行诉讼，法院依其默示行为，经审查后裁定按撤诉处理。

（二）行政诉讼撤诉与相关概念的区别

1. 行政诉讼撤诉与行政诉讼中放弃诉讼请求的区别

行政诉讼撤诉与行政诉讼中放弃诉讼请求的区别，主要体现在两个方面：首先，撤诉是当事人指向法院的诉讼行为，针对的仅仅是法院的审判请求；放弃诉讼请求，不仅是当事人指向法院的诉讼行为，同时也是当事人指向对方当事人的诉讼行为。其次，“撤诉的本身不是对实体权益的处分”。[1]撤诉是法

[1] 陈桂明：《程序理念与程序规则》，中国法制出版社1999年版，第170页。

院的一种结案方式，但它只是从程序上结案而并没有从实体上结案，因为对撤诉的案件，法院并没有对本案的诉讼标的作出裁判，当事人之间的争议没有通过诉讼程序得到解决。因此，撤诉在性质上只是一种纯粹的程序性行为。放弃诉讼请求则不同，它是当事人通过法院向对方当事人提出的对实体权利予以放弃的意思表示，在性质上是当事人行使实体上处分权的表现。在行政诉讼过程中，当事人如果同时放弃诉讼权利和实体权利，就不能适用撤诉制度来处理，而应当认定为当事人放弃诉讼请求。就对当事人放弃诉讼请求的处理而言，因为指向的是实体问题而不仅仅是程序问题，法院应当以判决或者调解的方式作出一个实体上的处理结论，而不能使用适用程序问题的裁定以准予撤诉的方式来结案。

2. 行政诉讼撤诉与行政诉讼中变更诉讼请求的区别

行政诉讼实行的是“不告不理”的原则，法院不能主动地对当事人没有提出诉讼请求的行政案件进行审理。当事人提出诉讼请求后，可以依法变更诉讼请求。从最高人民法院有关司法解释的规定来看，原告提出新的诉讼请求，除有正当理由外，应当在起诉状副本送达被告之前提出。[1]由此可见，变更诉讼请求，是当事人在行政诉讼程序的过程中依法向法院提出的将诉讼请求予以变更的请求；行政诉讼撤诉则是当事人在行政诉讼程序的过程中依法向法院提出的将已经提起的诉讼予以撤回的请求，两者是明显不同的。

3. 行政诉讼撤诉与民事诉讼撤诉的区别

行政诉讼脱胎于民事诉讼，两者具有十分密切的联系，行

---

〔1〕 2018年2月6日最高人民法院发布的《关于适用〈中华人民共和国行政诉讼法〉的解释》（以下简称《行政诉讼法解释》）第70条规定：“起诉状副本送达被告后，原告提出新的诉讼请求的，人民法院不予准许，但有正当理由的除外。”

政诉讼撤诉与民事诉讼撤诉因而也就存在许多共同之处，并且在研究行政诉讼撤诉制度时，有必要借鉴民事诉讼法学对撤诉制度的研究成果。但是，行政诉讼毕竟在性质上不同于民事诉讼，行政诉讼撤诉与民事诉讼撤诉必然存在区别，主要体现在以下几个方面：一是申请撤诉的主体存在差异。在第二审程序和再审程序中，申请撤诉的主体，无论是民事诉讼还是行政诉讼，都是上诉人和再审申请人。但是，在第一审程序中，民事诉讼申请撤诉的主体，不仅包括原告，而且被告有权对其提起的反诉申请撤回，有独立请求权的第三人对其提起的参加之诉也有权申请撤回。在我国，行政诉讼只能是“民告官”的诉讼，被告没有提出反诉的权利，当然也就不存在申请撤诉的权利。行政诉讼的第三人，不像民事诉讼那样存在有独立请求权第三人与无独立请求权第三人的区分，虽然第三人有权提出与本案有关的诉讼主张，但并不是提起独立的参加之诉。所以，行政诉讼第三人不享有申请撤诉的权利，只能对自己提出的诉讼主张予以放弃。二是对于当事人的申请撤诉，法院的干预程度不同。从立法的规定来看，行政诉讼撤诉与民事诉讼撤诉都要经过法院审查并作出是否准许撤诉的裁定，似乎不存在差异，但实际上，行政诉讼中法院对当事人申请撤诉的干预程度要明显强于民事诉讼。民事诉讼涉及的是平等主体之间的私权争议，当事人在一般情况下是基于本人的真实意思表示向法院提出撤诉申请的，以欺骗、胁迫等非法手段强迫或者变相强迫当事人申请撤诉的情形在民事诉讼中较为少见。因此，法院在民事诉讼中对当事人申请撤诉的干预一般来说是较为宽松的，只要不存在明显的违反自愿原则或合法原则的情形，法院就应当裁定予以准许，以体现对民事诉讼当事人程序选择权的充分尊重。行政案件的双方当事人是行政相对人与行政机关，虽然在行政诉讼法律地位上行政相对人与行政机关是平等的关系，但是，行政相对人享有的行政诉权在实际上是无法与行政机关所享有的强大的行政权相抗衡的。正因为如此，行政相对人作为原告提出撤诉申请，很有可能是行政机关利用自己的优势地位而对行政相对人采取了欺骗、胁迫等非法手段所致，从而使当事人提出的撤诉申请并不是出于本人的自愿。因此，在行政诉讼中，法院对当事人申请撤诉的干预一般来说是较为严格的，应当切实审查当事人的撤诉申请是否真正出于自己的自愿，是否受到了外界的压力，以充分保护行政相对人行政诉权的行使。三是撤诉后对再起诉的限制不同。从最高人民法院有关司法解释的规定来看，在民事诉讼中，裁定准许撤诉以后，法院原则上应当准许当事人以同一事实和理由再次提起诉讼；在行政诉讼中，法院原则上不予受理当事人在法院裁定准许撤诉后以同一事实和理由的重新起诉。〔1〕

（三）行政诉讼中正常撤诉与非正常撤诉的概念

为什么要研究行政诉讼撤诉制度？本书的基本动因在于，在行政审判实践中，行政案件的撤诉率高居不下，带来了较大的负面影响，需要对此进行矫正。但是，申请撤诉是当事人依法享有的诉讼权利，准许撤诉也是法院的结案方式之一，我们既不能对行政诉讼撤诉制度予以否定，也不能认为行政案件的撤诉率越低越好。我们需要探讨的问题是，在数量众多的行政诉讼撤诉案件中，哪些属于正常撤诉，哪些属于非正常撤诉。行政诉讼撤诉案件为正常撤诉，是行政诉讼撤诉制度在司法实务中正常运行的体现。如果行政诉讼撤诉案件为非正常撤诉，则应当对其进行规制而使其正常化。正因为如此，行政诉讼中

〔1〕 这一区别是从最高人民法院现行司法解释的规定来理解的，并不意味着这一区别一定是正当的。

的正常撤诉与非正常撤诉，就成了本书的基本概念。

有学者认为，在行政诉讼中，“正常的撤诉是指真正基于原告的自愿并且符合法律规定的撤诉……非正常撤诉是指在行政诉讼中，原告在自己的合法权益未能充分得到保护的情况下，因受外界的影响或不当干预，被迫放弃自己的诉讼权利而撤回起诉”。〔1〕另有学者认为：“所谓‘非正常撤诉’，就是原告对被诉具体行政行为并非没有异议，原告撤诉也并非心甘情愿，而是受到外力影响，撤诉时原告权益未得到保护。”〔2〕

笔者并不完全赞同上述学者的观点，认为要对行政诉讼中正常撤诉与非正常撤诉的概念进行界定，应当从两者之间的本质区别中寻求答案。一是行政诉讼撤诉制度的设计是否科学。应该说，撤诉制度的设计不科学，是行政诉讼中产生非正常撤诉现象的一个重要原因。不能认为“符合法律规定的撤诉”就是正常撤诉，如果法律对撤诉制度的设计不科学，“符合法律规定的撤诉”同样是不正常的撤诉。要使行政诉讼撤诉制度得以正常化的运行，首先要从立法上科学地设计行政诉讼撤诉制度，不科学的“恶法”可以说是法律制度运行非正常化的根源。二是当事人是否出于自己真实的意思表示而提出行政诉讼撤诉的申请。申请撤诉是当事人对行政诉权的暂时放弃，是在行政诉讼过程中当事人行使处分权的体现，必须出于当事人真实的意思表示，不能受到欺骗、胁迫等外界因素的影响。行政诉讼中非正常撤诉的情形之所以比民事诉讼更为普遍，一个重要的原因在于，行政相对人提出撤诉申请，很可能是基于处于强势地

〔1〕 徐苏刚、谭剑：“非正常撤诉——行政诉讼中的法律规避”，载《海南大学学报（人文社会科学版）》2004年第4期，第327页。

〔2〕 高凌：“限制撤诉目的是保护原告利益”，载《民主与法制时报》2008年9月15日。

位的行政机关施加的压力。三是法院准许撤诉是否会对国家利益、社会公共利益和他人的合法权益造成损害，是否会对法律的禁止性规定予以违反。申请撤诉体现了当事人处分权的行使，但当事人必须在法律规定的范围内行使这种权利，不得对国家利益、社会公共利益和他人的合法权益造成损害，不得对法律的禁止性规定予以违反。在行政诉讼撤诉制度中，原告对自己的合法权益享有依法处分的权利，因此，正常撤诉与非正常撤诉的区分标准不能包括“原告的合法权益是否能够得到保护或者充分的保护”以及“原告对被诉行政行为是否存在异议”。也就是说，即使原告的合法权益未能得到保护或者充分的保护，即使原告对被诉行政行为存在异议，只要原告是出于自己真实的意思表示提出撤诉申请，不存在对国家利益、社会公共利益和他人的合法权益造成损害以及对法律禁止性规定予以违反的情形，我们就不能将其视为非正常撤诉而裁定不予准许。

根据上述分析，对行政诉讼中的正常撤诉和非正常撤诉的概念可作如下的表述：所谓行政诉讼中的正常撤诉，是指行政诉讼撤诉制度的设计科学，当事人提出撤诉申请是出于自己真实的意思表示，法院裁定准许撤诉不损害国家利益、社会公共利益和他人的合法权益，不违反法律的禁止性规定。所谓行政诉讼中的非正常撤诉，是指行政诉讼撤诉制度的设计不科学，或者当事人申请撤诉不是出于自己真实的意思表示，或者法院裁定准许撤诉可能会损害国家利益、社会公共利益和他人的合法权益，或者违反法律的禁止性规定。

## 二、不同法域行政诉讼撤诉制度的简要考察

行政诉讼撤诉制度的科学设计是行政诉讼撤诉制度正常运行的前提。为对我国行政诉讼撤诉制度的完善提供有益的借鉴，

有必要简要考察域外行政诉讼的撤诉制度。

### （一）英美法系行政诉讼撤诉制度的简要考察

在英美法系国家，对行政行为进行司法审查的程序就本质上而言与民事诉讼程序并不存在明显的区别，行政诉讼撤诉制度在一般情况下适用的是民事诉讼的相关规则。

在英国，《英国民事诉讼规则》第38章关于“撤诉”的规定同样适用于行政诉讼撤诉制度。从这一章的规定来看，英国行政诉讼撤诉制度主要有以下几个方面内容：一是撤诉的适用范围。原告可以将全部诉讼请求的程序予以撤回，也可以只将部分诉讼请求的程序予以撤回，但如果原告主张了多种救济方式，或者后来对一种或多种救济方式予以放弃但对其他诉讼请求继续予以主张，不视为原告对全部或者部分诉讼请求的程序予以撤回。二是撤诉权。原告在通常情况下可以随时撤回对全部或者部分诉讼请求的程序。一个案件的被告如果有多名，原告可以针对所有的被告或者针对其中任何被告将全部或者部分诉讼请求的程序予以撤回。但是，如果法院已经签发了临时性禁令，或者任何当事人已经向法院提供了担保，必须经过法院准许，原告才可以将全部或者部分诉讼请求的程序予以撤回；如果原告已经接受了中期付款，必须经法院准许或者进行中期付款的被告以书面形式表示同意，原告才可以将全部或者部分诉讼请求的程序予以撤回；一个案件存在多名原告时，原告对全部或者部分诉讼请求的程序予以撤回，必须经法院准许或者其他原告以书面形式表示同意撤诉。三是撤诉的程序。原告必须将撤诉通知书提交法院，并向诉讼中的其他各方当事人送达撤诉通知书的副本。一个案件存在多名被告时，必须在撤诉通知书中载明撤诉所针对的所有被告。在原告向法院提交的撤诉通知书中，必须载明已向诉讼中的其他各方当事人送达撤诉通知书副本的情况。在撤诉必须经其他当事人同意时，原告应当在撤诉通知书之中附加必要同意书的副本。四是申请驳回撤诉通知书的权利。如果撤诉不必经法院准许或者被告同意，被告可以在收到原告送达的撤诉通知书之日起 28 日内向法院提出驳回原告撤诉通知书的申请。五是撤诉的生效。撤诉的生效时间依撤诉是否须经法院准许存在差异。须经法院准许的撤诉，撤诉的生效时间是法院准许撤诉的时间；无须法院准许的撤诉，撤诉的生效时间是撤诉通知书依法向被告送达的时间。撤诉生效以后，对被告的诉讼程序予以终结，但被告向法院提出申请驳回原告的撤诉通知书的除外。六是诉讼费用的承担。由撤诉的原告承担在撤诉通知书送达被告时或以前所产生的诉讼费用中，法院另有指令的除外。如果撤诉只是申请将部分诉讼请求的程序予以撤回，除非法院另有指令，不涉及撤诉的其他诉讼请求的程序的诉讼费用，只有在其他诉讼程序终结之时，才对原告应承担的诉讼费用重新进行评定，撤诉的原告仅承担涉及撤诉的部分诉讼请求的程序的诉讼费用。七是撤诉及重新起诉。原告在一般情况下可以在撤诉以后重新起诉，但原告在撤诉后对同一被告重新起诉时所依据的事实与撤回诉讼所依据的事实相同或者基本相同的，或者原告是在被告提交答辩状以后撤诉的，必须经过法院准许才可以在撤诉后重新起诉。八是部分撤诉。部分撤诉的规则适用于撤回部分诉讼请求的情形。在当事人协议由原告支付诉讼费用的日期或者法院指令支付诉讼费用的日期之日起 21 日内，原告未支付被告诉讼费用的，适用部分撤诉的规则。适用部分撤诉的规则时，法院可以中止正在进行的其他诉讼程序，直至原告支付依法应承担的全部诉讼费用为止。[1]

---

〔1〕《英国民事诉讼规则》，徐昕译，中国法制出版社 2001 年版，第 198~201 页。

美国也与英国一样，行政诉讼的撤诉制度除了某些特别法规定的专门规则外，适用的是民事诉讼程序的相关规则。在美国，行政诉讼的撤诉主要有三种情形：一是依原告单方面的意思表示而撤诉。这种情形的撤诉，是指在被告提交答辩状或者要求简易判决的动议书之前，原告可以依自己单方面的意思表示将起诉任意撤回，不必经过法院的审查许可。二是在原告申请后须经法院准许的撤诉。在被告提交答辩状或者要求简易判决的动议书之后原告提出撤诉申请，必须由法院审查后再决定是否准许。法院享有较大的自由裁量权来决定对原告提出的撤诉申请是否予以准许，但在一般情况下，法院会对原告提出的撤诉申请予以准许，有时也可能在提出某种条件要求的情况下准许原告提出的撤诉申请。当然，如果法院认为原告撤诉后再次起诉存在使被告遭受损失的可能，则不予准许原告提出的撤诉申请。三是在法院附设调解程序中达成调解协议而撤诉。在美国，设立附设调解程序是为了减轻法院的负担，且不向当事人收取任何费用。当事人向法院提起诉讼以后，法院可暂不对案件进行审理，而是先将案件转入附设调解程序进行调解。经过附设调解程序的调解，如果调解协议未达成，案件则返回法院并由法院的受案法官再依诉讼程序来审理。在法院附设调解程序的调解过程中，如果各方的当事人达成了调解协议，就将调解协议书提交法院，法院对本案的诉讼程序就依据原告的撤诉而终结。依据《美国联邦民事诉讼规则》第 41（b）条的规定，美国还有一种非自愿的撤诉。这种撤诉是指如果原告不服从命令或者不遵守规则或者不继续进行诉讼，被告可以撤销任何针对被告的诉讼请求或者提出要求撤回诉讼的动议。非自愿的撤诉是由被告启动的，法院只有在严格审查时才会予以准许，并且撤诉后不可就同一事实和理由再行起诉。[1] 对美国的行政诉讼撤诉制度进行考察时，还必须提到撤诉的法律后果尤其是原告撤诉以后是否可以再行起诉的问题。依据美国法律的规定，原告第一次撤诉以后，并不表明原告放弃了实体权利，原告可以就同一事实和理由再次提起诉讼；为了防止原告滥用诉权和提高诉讼效率，原告对撤诉后再次提起的诉讼再次撤诉以后，就不允许其再行起诉。理论上的解释为，原告撤诉后再次起诉时的第二次撤诉，视为法院已经对本案作出判决。也就是说，原告撤诉后再行起诉的次数只能限定为一次，原告最多两次对同一被告提出同一诉讼请求，但不能第三次对同一被告提出同一诉讼请求。

（二）大陆法系行政诉讼撤诉制度的简要考察

大陆法系国家和地区存在独立的行政诉讼制度，但并不是在行政诉讼中就绝对不允许适用民事诉讼的规则，行政诉讼撤诉制度同样如此。

法国行政诉讼撤诉制度分为两种情形，即明示撤诉和默示撤诉，最常见的情形是明示撤诉。明示撤诉，是指原告主动地向法院提出撤诉申请。明示撤诉的规则依据原告提出撤诉申请的时间不同并不完全相同。在被告进行实质答辩之前原告提出撤诉申请，只需经法院准许即可，并不需要征得被告的同意。但是，在被告进行实质答辩之后原告提出撤诉申请，不能仅仅只经法院准许，还必须征得被告的同意。这一规则的主要理由在于，被告进行了实质答辩，意味着其已进行了大量的工作来参与诉讼，对自己的期待利益被告应当有权享有。但是，被告不能任意行使对原告撤诉申请的同意权，应当具有正当的理由。

[1] 美国的这种非自愿撤诉与我国的拟制撤诉制度具有一定的相似性。

如果法院认为被告拒绝原告的撤诉申请只是基于自己利益的原因而没有任何正当的理由，为了防止被告滥用法律赋予的权利，对原告提出的撤诉申请可以强制被告接受。默示撤诉，是指法院受理原告提起的诉讼以后，原告提出书状没有依法官规定的时间或者原告不回答问题，对法院的审判不配合，经法院催告一次，仍不配合法院的审判，对原告的这种不配合审判的不作为，法院可以视为撤回诉讼。在法国，原告申请撤诉所希望的仅仅是熄灭诉讼，原告放弃的只是程序上的权利，因此，撤诉仅产生消灭诉讼的效果以终结诉讼程序，使诉讼当事人回到诉讼开始之前的状态，并不能涉及有争议的权利，并不表明原告舍弃了自己的诉权。既然诉权没有舍弃，原告当然可以再次行使自己的诉权，请求法院救济。在学理上，法国的通说认为，当事人撤回诉讼的行为，本身表明其对自己错误地提起了诉讼予以承认，因此，也意味着其对承担支付他本人及被告诉讼费用的义务予以同意。

在德国的行政诉讼制度中，处分原则是十分重要的基本原则，行政诉讼的许多程序制度都具体体现了这一原则，行政诉讼撤诉制度亦同。在德国，“处分原则亦被称为处置原则（Dispositionsmaxime），其涉及的是由谁来主导诉讼程序和确定诉讼标的的问题……在行政诉讼中，处分原则的基本内容是：诉讼参加人对于争议的标的、诉讼的开始和结束享有处分的权利；诉讼参加人不仅可以决定法律争议的标的（《行政法院法》第88条），并且可以通过撤诉、放弃或者诉讼和解来终结诉讼程序。”〔1〕依据德国的《行政法院法》的有关规定，德国行政诉讼撤诉制度主要有以下几方面的内容：一是撤诉权的行使。在

〔1〕 薛刚凌主编：《外国及港澳台行政诉讼制度》，北京大学出版社2006年版，第7页。

行政法院判决的既判力形成之前，原告在一般情形下可以单方面地将已经提起的诉讼从法院予以撤回，不必经过法院的准许。如果行政案件的审理已经启动了言辞审理程序，原告只有在被告同意时才能从法院将诉讼撤回，如果参加诉讼的人有公益代表人，还必须征得公益代表人的同意。二是视为撤诉。原告如果超过 3 个月不顾法院的促请不进行诉讼程序，法院应当对此通过裁定来作出视为撤诉的决定。三是撤诉的法律后果。撤诉只是表明原告对程序上的权利的放弃，并不包括在实体法上权利的放弃。也就是说，在案件的起诉期限届满之前，原告还可以重新提起诉讼。理论上的解释为，原告撤诉后，视为未发生诉讼系属，因为原告撤回诉讼，原来的诉讼争议内容不再归属于法院。此外，法院在原告主动撤回诉讼和被视为撤诉时，都应当作出裁定终止案件的审理，并宣告由撤诉人承担诉讼费用。对法院作出的这种裁定不可撤销，当事人也不能提出争议。

在我国台湾地区，行政诉讼撤诉制度受德国的影响比较大，同时又有自身的特点。依据我国台湾地区“行政诉讼法”第 113 条和第 114 条的规定，行政诉讼撤诉制度主要有以下几方面的内容：一是原告可以在法院判决确定以前向法院提出将全部或者部分诉讼请求的申请予以撤回。二是在案件进入审理阶段之前，原告的撤诉申请必须以书面形式提出，但不必经过被告的同意。三是在案件进入审理阶段之后，原告的撤诉申请可以以书面形式提出，也可以以口头形式提出，以口头形式提出的，应将撤诉申请的内容记入笔录。四是原告在案件进入审理阶段提出撤诉申请，需经过被告的同意。被告在收到原告的撤诉书状或者口头撤诉笔录之日起 10 日内不作答复，视为被告对原告的撤诉申请予以同意；如果原告提出撤诉申请采用的是口头形式，被告在法庭审判现场的，被告在原告作出撤诉的意思表示之日起10日内不作答复，也视为被告对原告的撤诉申请予以同意。五是法院应当审查原告的撤诉申请。对原告起诉的案件，如果法院认为撤诉后可能损害公共利益或者存在其他违法的情况的，应当作出不准予撤诉的裁定或者在法院的终审判决书中予以说明，并且法院应当在原告提出撤诉申请之日起4个月内对案件继续进行审理。如果法院在原告提出撤诉申请之日起4个月内没有对案件继续进行审理，又没有作出不准予撤诉的裁定，则视为法院同意原告提出的撤诉申请。

在考察其他法域行政诉讼撤诉制度时，还有必要提到日本。在《明治宪法》下，日本仿照德国设立了行政裁判所，制定了《行政裁判法》，确立了大陆法系式的行政诉讼制度。但是，在第二次世界大战以后，由于日本战败，被迫接受了美国对其实施的民主化改造，通过新宪法的制定废除了行政裁判所，在新宪法的框架内制定了《行政案件诉讼法》，由此形成了日本现行的行政诉讼制度。日本现行的行政诉讼制度，既继承了大陆法系的传统，又吸收了战后司法改革和体制改革过程中英美法系的某些法治理念。从法系的视角观之，日本现行的行政诉讼制度可以说“融合了现今世界上两大法系的某些特点”。〔1〕在日本，行政诉讼制度采用的是修正的当事人主义，原告对自己的诉讼权利具有的处分权在法律上基本予以承认，对原告以撤诉的方式终结诉讼程序原则上是允许的。行政诉讼的撤诉有主动的撤诉和拟制的撤诉之分。主动的撤诉，是指在整个诉讼过程中，甚至在本案的终局判决作出之后，原告可以撤回全部诉讼或者部分诉讼。主动的撤诉一般以书面形式提出。原告的撤诉申请在案件未进行言辞辩论之前提出的，不必经过被告的同意。

〔1〕江利红：《日本行政诉讼法》，知识产权出版社2008年版，第1页。

但是，如果原告的撤诉申请是在进行了言辞辩论以后或者被告在准备程序上作了陈述或就本案提出了准备书时提出的，就应征得被告的同意。原告的撤诉申请，如果被告不同意，就不发生法律效力，因为应当保护被告已产生的接受本案判决的利益。拟制的撤诉是日本行政诉讼的特殊情况。“所谓拟制的撤诉是指在第一审诉讼中，双方当事人在口头辩论日没有到庭，或者虽然出庭但没有辩论或陈述就退庭而在此后1个月内不申请期日指定，或者双方当事人连续两次在口头辩论日不出庭时，视为撤诉。”[1]关于撤诉的法律后果，日本的法律规定是原告撤诉导致本案诉讼程序的终结，但撤诉并不意味着原告放弃自己的诉权，诉讼的撤回视为本案自始未系属，只要没有超过法定的起诉期限，原告仍然可以提起新的诉讼。例外的情形是，在本案终局判决作出之后原告撤诉的，就不得再次提起同一诉讼。

## 三、本书的研究方法和基本结构

### （一）本书的研究方法

本书既涉及较为复杂的行政诉讼法学理论，又与行政诉讼立法和行政诉讼司法实务有着十分密切的联系。本书的研究遵循从实践到理论、从理论到实践、再从实践到理论的基本思路。在进行实地调研的基础上，笔者对行政诉讼撤诉制度存在的问题及原因进行了较为全面的分析，以行政诉讼撤诉制度改革的理论基础和基本原则为指导，对行政诉讼撤诉制度改革的措施进行了探讨，然后又对这些理论观点在行政诉讼司法实务中具体适用可能存在的问题进行了补充调研，根据补充调研的体会来修正理论观点。

---

〔1〕 江利红：《日本行政诉讼法》，知识产权出版社2008年版，第440页。

本书的具体研究方法主要有：一是比较分析法。一方面，对行政诉讼与民事诉讼这两种不同诉讼形式的撤诉制度进行了比较，以探求行政诉讼撤诉制度的特殊性；另一方面，对我国行政诉讼撤诉制度与域外行政诉讼撤诉制度进行了比较，为改革我国行政诉讼撤诉制度提供了借鉴。二是文献研究法。对行政诉讼撤诉制度，学者们从不同的角度进行了探讨。本书尽可能地收集了有关研究文献，并对其进行了综合归纳和梳理，力求进行深入的论证。三是实证分析法。对行政诉讼撤诉制度的研究，应当结合我国的实际情况进行。为了尽可能多地掌握大量的实际资料，笔者在研究过程中，进行了一定的实地调研。四是系统研究法。本书将行政诉讼撤诉问题作为一个系统，对系统的各个要素进行了综合分析，从观念上、体制上和制度上探寻行政诉讼撤诉制度存在问题的原因和改革措施，以期从根本上完善我国的行政诉讼撤诉制度并且能够在行政诉讼司法实务中良好地运行。五是规范分析法。现行的行政诉讼立法和司法解释对行政诉讼撤诉制度已有相关的规定。本书在对现行立法和司法解释条文进行解释的基础上，对彼此之间的逻辑关系进行了揭示，对相关规定的优劣得失进行了分析，并对行政诉讼撤诉制度立法和司法解释存在的相关问题提出了修正的建议。六是理论分析法。本书对行政诉讼撤诉制度的研究，力求建立在深厚的法理基础之上，对行政诉讼撤诉制度改革的理论基础和基本原则进行了阐述，并以此作为研究行政诉讼撤诉制度改革措施的理论指导，从而使该研究成果有一定的理论支撑，较为充分地体现了法学理论对立法和司法实务的导向价值。

### （二）本书的基本结构

本书报告除绪论和结论外，分为四个部分。绪论部分阐述了本报告的基本概念，对域外行政诉讼撤诉制度进行了简要的考察，介绍了本书的研究方法和基本结构。第一部分为行政诉讼撤诉制度相关问题，分别探讨了行政诉讼撤诉制度在设计上和运行中的相关问题。第二部分为行政诉讼撤诉制度存在问题的原因，从观念上以及司法体制和其他方面进行了分析。第三部分为行政诉讼撤诉制度改革的理论基础和基本原则。第四部分为行政诉讼撤诉制度的改革措施，从观念上的改革、行政诉讼撤诉制度设计的改革、建立与行政诉讼撤诉制度相分离的行政诉讼调解制度、司法体制和其他方面的改革等四个方面进行了研究。本书以《关于行政诉讼撤诉若干问题的规定》建议稿代作结论，目的在于为行政诉讼撤诉制度之完善提出具体的意见。

## 第一部分

# 行政诉讼撤诉制度相关问题

## 一、行政诉讼撤诉制度在设计上的相关问题

行政诉讼撤诉制度的设计是否科学，是区分正常撤诉与非正常撤诉的重要标准。行政诉讼撤诉制度的相关问题，首先表现在行政诉讼撤诉制度的设计上。

从理论上讲，行政诉讼撤诉分为申请撤诉和拟制撤诉两种情形。从《行政诉讼法》和最高人民法院有关司法解释的规定来看，行政诉讼的申请撤诉又分为主动申请撤诉和因被告改变被诉行政行为原告同意并申请撤诉的情形。行政诉讼撤诉的法律后果是行政诉讼撤诉制度的重要组成部分。此外，第二审程序和再审程序中也存在撤诉制度，并且具有自身的特殊性。对行政诉讼撤诉制度在设计上的相关问题，本书将从主动申请撤诉、因被告改变被诉行政行为原告同意并申请撤诉、拟制撤诉、撤诉的法律后果、第二审程序和再审程序中的撤诉等五个方面进行具体的分析。

### （一）主动申请撤诉制度

主动申请撤诉，是指在行政机关未改变被诉行政行为的情况下，原告主动撤回起诉。这种情况下的撤诉，正常的原因是，原告提起行政诉讼以后，认为所起诉的行政行为并非不合法，认识到自己提起行政诉讼胜诉无望，向法院申请撤回起诉是为了避免败诉的后果。

从《行政诉讼法》和最高人民法院有关司法解释的规定来看，针对主动申请撤诉制度，《行政诉讼法》第 62 条作了十分简要的规定，最高人民法院的有关司法解释基本上没有涉及这一问题。依《行政诉讼法》第 62 条的规定，主动申请撤诉制度的规则为：一是由原告申请撤诉；二是申请撤诉的时间是在法院对行政案件宣告判决或者裁定之前；三是是否准许原告的撤诉申请，由法院裁定。

实际上，撤诉是与起诉相联系的概念。行政诉讼的起诉，表明当事人行政诉权的行使，被法院受理后引起行政诉讼法律关系的产生。行政诉讼立法和司法解释对行政诉讼起诉的一般条件、时间条件、程序条件和形式条件作出了十分明确具体的规定。行政诉讼的主动申请撤诉，表明当事人对行政诉权的暂时放弃，被法院准许后引起行政诉讼法律关系的消灭，对法院和行政诉讼参加人权利义务的变化产生了相当大的影响，从某种意义上讲其法律意义与行政诉讼的起诉并无差别，同样需要规定较为明确、具体的条件和程序。但是，行政诉讼立法和司法解释对主动申请撤诉制度的规则只作了简单的规定，致使当事人在申请撤诉时可能无法可依，既有可能使当事人的撤诉申请权得不到有效的保障，也有可能出现当事人滥用撤诉权无条件地要求停止诉讼程序而浪费诉讼资源的情形，不利于当事人行政诉讼撤诉申请权的有效和正确行使。此外，较为简单的主动申请撤诉的规则，也不利于诉讼程序的有序进行和诉讼程序公正价值的实现，尤其是法院在审查撤诉申请时有可能无法可依而导致自由裁量权过大，司法实践中法院对当事人的撤诉申请几乎无一例外地裁定准许从而导致了非正常撤诉现象的产生。对主动申请撤诉制度存在的问题，笔者将从申请条件和程序规则两个方面进行分析。

1. 主动申请撤诉制度的申请条件

主动申请撤诉制度的申请条件，主要存在以下几方面的问题：

第一，申请撤诉主体方面。《行政诉讼法》第 62 条规定了原告有权提出撤诉申请。这一规定无疑是正确的，但不够全面。例如，除原告本人外，原告的诉讼代理人能否提出撤诉申请？单一的原告提出撤诉申请能够很好地得到处理，但必要的共同诉讼中共同原告只有部分人提出撤诉申请的如何解决？行政诉讼当事人除原告外，还有被告、第三人及诉讼代表人，这些人能否提出撤诉申请？如果这些人中有的可以提出撤诉申请，在条件上是否应当有特殊的规则？上述有关申请撤诉的主体资格不明确，在理解上就可能产生不同的认识，因而可能导致行政诉讼撤诉制度在实践中不能得到正确的实施。

第二，申请撤诉时间方面。《行政诉讼法》第 62 条将申请撤诉的时间规定为“人民法院对行政案件宣告判决或者裁定前”。这一规定存在的缺陷在于，一是只规定了申请撤诉时间的终点，没有规定申请撤诉时间的起点。撤诉是当事人申请对已经依法成立的诉讼予以撤回，如果当事人在法院立案之前撤回其提起的诉讼，或者因当事人提起的诉讼不符合条件而被法院裁定不予立案或者驳回起诉的话，表明该行政诉讼没有依法成立，不存在适用撤诉制度的前提，因此，有必要对申请撤诉时间的起点作出规定。二是将申请撤诉的时间终点规定在宣告判决之前是恰当的，但规定“宣告裁定”之前则不准确。有学者对此指出：“从行政诉讼法中裁定的适用范围来看，它不具有宣告原告自作出后则丧失撤诉权的效力。”〔1〕裁定是法院就诉讼中

〔1〕 胡玉鸿：“关于行政诉讼法第五十一条的几个问题”，载《河北法学》1992 年第 1 期，第 37 页。

的程序问题所作出的判定，对当事人的实体权利一般不会产生影响。在一般情形下，法院的裁定宣告以后，并不能表明本审级的诉讼程序已经结束。既然裁定宣告后诉讼程序可能仍在进行之中，将“宣告裁定”之前作为申请撤诉的时间终点就是不准确的。最高人民法院发布的《行政诉讼法解释》第80条第3款规定，法庭辩论终结后原告申请撤诉的，法院可以准许，但涉及国家利益和社会公共利益的除外。这一规定存在的问题在于，将申请撤诉的审查内容与申请撤诉的时间联系在一起缺乏正当性，因为对于存在损害国家利益和社会公共利益的情形，无论在什么时间内申请撤诉都不应予以准许。

第三，对被告诉讼权利的保护方面。在行政审判实践中，当事人提起行政诉讼后又撤回诉讼，一般正合被告之意，被告不同意原告提出撤诉申请的情形很少出现。由于作为被告的行政机关拥有强大的行政权力，在行政诉讼撤诉制度中忽视被告诉讼权利的保护似乎顺理成章。正因为如此，从行政诉讼立法和司法解释的规定来看，行政诉讼中的撤诉，只涉及原告和法院，与被告没有任何关系，被告并不享有与原告申请撤诉相对应的权利。从法理上讲，这样的立法安排是存在问题的。在行政案件的审理过程中，原告和被告的诉讼地位是平等的，双方都享有行政诉权，都是诉讼主体，双方都希望追求胜诉的结果。行政诉讼是原告与被告双方围绕被诉行政行为的合法性而展开的“攻击与防御”，虽然作为被告的行政机关在行政实体法律关系和事实中处于优势地位，但也不能过分地对其在行政诉讼程序中享有的诉讼权利予以削弱。如果原告在行政诉讼过程中的任何阶段申请撤诉都不需要听取被告的意见，就会使被告的诉权部分地依附于原告的诉权之上，造成原告与被告之间诉讼权利的失衡，实际上背离了行政诉讼当事人诉讼法律地位平等的基本原则。

第四，对当事人申请撤诉审查内容的规定方面。《行政诉讼法》第62条只规定了是否准许原告撤诉的申请由法院裁定，对当事人提出的撤诉申请，应否进行实质审查，审查的内容是什么，即法院依据什么样的标准进行审查，哪些情况下准许撤诉、哪些情况下不准许撤诉，在行政诉讼立法和司法解释中无法找到依据。由于这一立法缺陷，学者们在认识上就对当事人提出的撤诉申请法院应否进行审查存在分歧，在认为应当进行审查时对审查的内容如何确定也存在不同的意见。在司法实践中，由于立法对当事人申请撤诉的审查内容没有作出规定，法院不知道从哪些方面进行审查，有可能滥用自由裁量权对应当准许撤诉的行政诉讼撤诉申请不予准许，更多的情形是法院放弃对行政诉讼撤诉申请的审查，对不应当准许撤诉的行政案件裁定准许撤诉，致使行政诉讼中非正常撤诉的情形十分常见。林莉红教授主持的"中国行政诉讼制度改革的理论与实践"调研报告对1501名受访法官进行了调查（缺失了23名法官的调查问卷），结果表明，有53.9%的受访法官对原告的撤诉申请"一般都会同意"，不会对原告的撤诉申请进行审查。〔1〕这在一定程度上反映了司法实践中法官对行政诉讼撤诉申请审查的处理情况。

《行政诉讼法解释》第80条第2款〔2〕虽然对法院可以不准许撤诉或者不按撤诉处理的情形作了规定，但"当事人有违反法律的行为需要依法处理的"这一规定主观性较强，在实践中

〔1〕林莉红、宋国涛："中国行政审判法官的知与行——《行政诉讼法》实施状况调查报告·法官卷"，载《行政法学研究》2013年第2期，第54页。

〔2〕《行政诉讼法解释》第80条第2款规定："当事人申请撤诉或者依法可以按撤诉处理的案件，当事人有违反法律的行为需要依法处理的，人民法院可以不准许撤诉或者不按撤诉处理。"

不便操作，并且这一规定没有将违反自愿原则、损害他人的合法权益、损害国家利益和社会公共利益等纳入法院可以不准许撤诉或者不按撤诉处理的情形。

第五，对申请撤诉的某些特殊情形没有作出规定。一是对法院作出先予执行或者财产保全的裁定以后，是否准许原告申请撤诉没有作出规定。二是对在被告提出管辖异议后如何处理原告提出的撤诉申请没有作出规定。这些问题在认识上存在分歧，如果在立法或者司法解释中不作出明确的规定，也可能导致司法实践中执法的混乱。

2. 主动申请撤诉制度程序规则

依司法活动的性质和任务决定，公正是司法活动追求的重要价值之一。司法活动要实现公正的价值，既要有公正的裁决结果，也需要有一套为确保公正裁决结果合法合理的公正的程序规则。对主动申请撤诉制度而言，程序规则不能过于繁杂，尤其是程序规则的设计不能不利于原告权利的保护。但是，如果对主动申请撤诉制度的程序规则不作任何的规范，行政诉讼撤诉制度的正确实施也会缺乏必要的程序保障。

《行政诉讼法》第 62 条不仅没有对申请撤诉制度的审查内容作出规定，也没有对程序规则作任何的要求，致使司法实践中在撤诉问题的处理上无法可依，各地做法不统一，严重影响了行政诉讼撤诉制度的正常运行。例如，原告提出撤诉申请应当采取何种形式；被告对原告提出的撤诉申请，如何行使是否同意的权利；对原告提出的撤诉申请，法院是否应当对原告进行询问和风险告知；法院是否准许撤诉的裁定在作出的时间以及在形式和内容上有何要求；如何规制法院不正当的准许撤诉的行为等。对于这些问题，行政诉讼立法和司法解释中都没有作出规定。

### （二）因被告改变被诉行政行为原告同意并申请撤诉制度

这种情形的撤诉与主动申请撤诉制度都在《行政诉讼法》第62条中作了规定，主动申请撤诉制度中的申请条件和程序规则，同样适用于因被告改变被诉行政行为原告同意并申请撤诉的制度。但是，在2008年1月14日最高人民法院发布的《关于行政诉讼撤诉若干问题的规定》（以下简称《行政诉讼撤诉规定》）中，主要的内容是关于因被告改变被诉行政行为原告同意并申请撤诉的规定。这一司法解释的实质，是将行政协调撤诉予以规范化和合法化。对行政协调撤诉存在的问题将在后面的相关内容作专门的探讨，这里仅从制度本身对因被告改变被诉行政行为原告同意并申请撤诉的制度所存在的问题进行分析。

法院对被告改变被诉行政行为的建议权规定在《行政诉讼撤诉规定》第1条中。[1]这一规定存在的问题在于：一是对法院建议权行使的形式和效力没有作出规定，不仅可能使不同的法院在具体操作时采用不同的形式，而且可能使法院和作为被告的行政机关在理解上产生分歧。二是对法院建议权行使的次数和被告改变被诉行政行为的最长时限没有作出规定。由于对法院建议权行使的次数没有作出规定，在司法实践中，法院有可能多次建议被告改变被诉行政行为，这样就有可能使行政审判迟延，甚至可能导致无休止的循环。被告改变被诉行政行为的最长时限不明确，被告就有可能利用被诉行政行为的改变阻碍行政诉讼程序的正常进行，从而增加原告的诉讼成本。三是对法院建议权行使的情形规定不具体。法院经审查认为“被诉

---

〔1〕《行政诉讼撤诉规定》第1条规定：“人民法院经审查认为被诉具体行政行为违法或者不当，可以在宣告判决或者裁定前，建议被告改变其所作的具体行政行为。”

具体行政行为违法或者不当”时，不论具体情况如何，都可以建议被告改变，这有损法律的权威，也不利于对原告合法权益的保护。尤为重要的是，不论被诉行政行为违法或者不当的严重程度如何，法院都可以建议被告改变被诉行政行为而使原告撤诉，被诉行政行为违法或者不当的事实就没有得到司法权的否定。

《行政诉讼撤诉规定》第 2 条〔1〕规定了因被告改变被诉行政行为原告同意并申请撤诉的条件。第一个条件“申请撤诉是当事人真实意思表示”，与主动申请撤诉并无区别。第二个条件应当理解为对被告改变后的行政行为的实质审查，法院这种审查权的行使缺乏正当性。〔2〕第四个条件“第三人无异议”在当事人主动申请撤诉时并没有作为一个条件，作为被告改变被诉行政行为原告同意并申请撤诉的特殊条件并不恰当。何况对第三人异议由谁来举证、由法院发动还是由第三人提出、第三人异议何以成立等问题均未作出明确规定。由此可见，这一规定只有第三个条件，即“被告已经改变或者决定改变被诉具体行政行为，并书面告知人民法院”属于被告改变行政行为原告同意并申请撤诉的特殊条件。即使就这一条件而言，法院对被告改变被诉行政行为的程序性监督也不具体。例如，对被告告知的内容没有作出具体的要求，也没有规定被告不履行书面告知义务的法律后果以及救济途径。

《行政诉讼撤诉规定》第 3 条和第 4 条对“被告改变其所作

---

〔1〕《行政诉讼撤诉规定》第 2 条规定：“被告改变被诉具体行政行为，原告申请撤诉，符合下列条件的，人民法院应当裁定准许：（一）申请撤诉是当事人真实意思表示；（二）被告改变被诉具体行政行为，不违反法律、法规的禁止性规定，不超越或者放弃职权，不损害公共利益和他人合法权益；（三）被告已经改变或者决定改变被诉具体行政行为，并书面告知人民法院；（四）第三人无异议。”

〔2〕这一问题将在后述内容中作详细论述。

的具体行政行为”的认定作了规定，其中第3条〔1〕是“属于被告改变其所作的具体行政行为”的规定，第4条〔2〕是“视为‘被告改变其所作的具体行政行为’”的规定。上述规定与最高人民法院于2018年颁布的《行政诉讼法解释》第22条〔3〕的规定相冲突。虽然这两个司法解释是对《行政诉讼法》不同法条的理解，但从法理精神来讲，改变行政行为表明行政机关作出了一个新的行政行为，无论在何种情况下，对“改变行政行为”的认定不应存在差异。

《行政诉讼撤诉规定》第5条和第6条是对被告改变被诉行政行为原告申请撤诉的处理规则所作的规定。其中第5条的规定是关于撤诉时机的规范，有学者称之为“撤诉标的追踪制度”;〔4〕第6条是关于撤诉结案方式的规定。从上述规定的具体内容来看，都存在程度不同的问题。《行政诉讼撤诉规定》第

〔1〕《行政诉讼撤诉规定》第3条规定：“有下列情形之一的，属于行政诉讼法第五十一条规定的‘被告改变其所作的具体行政行为’：（一）改变被诉具体行政行为所认定的主要事实和证据；（二）改变被诉具体行政行为所适用的规范依据且对定性产生影响；（三）撤销、部分撤销或者变更被诉具体行政行为处理结果。”

〔2〕《行政诉讼撤诉规定》第4条规定：“有下列情形之一的，可以视为‘被告改变其所作的具体行政行为’：（一）根据原告的请求依法履行法定职责；（二）采取相应的补救、补偿等措施；（三）在行政裁决案件中，书面认可原告与第三人达成的和解。”

〔3〕《行政诉讼法解释》第22条规定：“行政诉讼法第二十六条第二款规定的‘复议机关改变原行政行为’，是指复议机关改变原行政行为的处理结果。复议机关改变原行政行为所认定的主要事实和证据、改变原行政行为所适用的规范依据，但未改变原行政行为处理结果的，视为复议机关维持原行政行为。复议机关确认原行政行为无效，属于改变原行政行为。复议机关确认原行政行为违法，属于改变原行政行为，但复议机关以违反法定程序为由确认原行政行为违法的除外。”

〔4〕黄宁晖：“从撤诉追踪制度看司法权与行政权的交叉点”，载《前沿》2014年Z1期，第106页。

5条[1]对不能即时或者一次履行时裁定准许撤诉和裁定中止审理情形的规定较为原则，在司法实践中不好把握，并且裁定中止审理并不符合中止审理适用的情形，因为中止审理实际上是诉讼中止，诉讼中止指的是因客观原因引起的诉讼程序的暂时停止。《行政诉讼撤诉规定》第6条[2]规定了准许撤诉的裁定可以规定实体内容，与实体问题用判决、程序问题用裁定的法院裁判适用规则相悖。

《行政诉讼撤诉规定》第7条规定，被告改变被诉具体行政行为后当事人不撤诉的，人民法院应当及时作出裁判。《行政诉讼法解释》第81条[3]对被告在一审期间改变被诉行政行为的相关规则作了规定。上述规定从诉讼法理来讲不会存在争议，司法实务中的操作也不会存在不同的做法，因而并无多大的实际意义。

（三）拟制撤诉制度

与申请撤诉不同，拟制撤诉是指当事人没有申请撤回诉讼的意思表示，但其在诉讼中的某些行为在法律上视为其不愿继续进行诉讼，法院依其默示行为，经审查后裁定按撤诉处理。

---

〔1〕《行政诉讼撤诉规定》第5条规定："被告改变被诉具体行政行为，原告申请撤诉，有履行内容且履行完毕的，人民法院可以裁定准许撤诉；不能即时或者一次性履行的，人民法院可以裁定准许撤诉，也可以裁定中止审理。"

〔2〕《行政诉讼撤诉规定》第6条规定："准许撤诉裁定可以载明被告改变被诉具体行政行为的主要内容及履行情况，并可以根据案件具体情况，在裁定理由中明确被诉具体行政行为全部或者部分不再执行。"

〔3〕《行政诉讼法解释》第81条规定："被告在一审期间改变被诉行政行为的，应当书面告知人民法院。原告或者第三人对改变后的行政行为不服提起诉讼的，人民法院应当就改变后的行政行为进行审理。被告改变原违法行政行为，原告仍要求确认原行政行为违法的，人民法院应当依法作出确认判决。原告起诉被告不作为，在诉讼中被告作出行政行为，原告不撤诉的，人民法院应当就不作为依法作出确认判决。"

从行政诉讼立法和司法解释的规定来看，拟制撤诉有两种情形。第一种情形的拟制撤诉是《行政诉讼法》第58条[1]规定的，原告经法院传票传唤无正当理由拒不到庭或者未经法庭许可中途退庭的可以按撤诉处理。2014年《行政诉讼法》修改以前，原《行政诉讼法》第48条[2]和2000年3月10日施行的最高人民法院出台的《关于执行〈中华人民共和国行政诉讼法〉若干问题的解释》（已失效，以下简称《若干解释》）第49条[3]也规定了这一问题。《行政诉讼法》修改后，这种情形的拟制撤诉制度有三个方面的变化：一是将“经人民法院两次合法传唤”修改为“经人民法院传票传唤”。理由在于，审判权的行使关乎国家公信力与法律权威，法院传票传唤是行使审判权的诉讼行为，被传唤人应当执行。而规定两次传唤，既有损司法权威，也无现实必要。此外，何为“合法传唤”不明确，尤其是在《行政诉讼法》中增设了简易程序更是如此。二是将“视为申请撤诉”改为“可以按撤诉处理”。理由在于，原《行政诉讼法》及有关司法解释规定经法院传唤原告无正当理由拒不到庭的视为申请撤诉，但实际上视为申请撤诉和按撤诉处理具有同等的法律效力，两者并不存在本质的区别，没有区分的实际意义，并且也是为了与《民事诉讼法》的相关制度保持一致。三是将“无正当理由拒不到庭的”修改为“无正当理由拒不到庭，或者未经法庭许可中途退庭的”。理由在于，原来《行政诉讼法》的规定只考虑到了拒不到庭的情况，未考虑中途退

〔1〕《行政诉讼法》第58条规定：“经人民法院传票传唤，原告无正当理由拒不到庭，或者未经法庭许可中途退庭的，可以按照撤诉处理……”

〔2〕原《行政诉讼法》第48条规定：“经人民法院两次合法传唤，原告无正当理由拒不到庭的，视为申请撤诉……”

〔3〕《若干解释》第49条规定：“原告或者上诉人经合法传唤，无正当理由拒不到庭或者未经法庭许可中途退庭的，可以按撤诉处理。”

庭的情况，《若干解释》第 49 条第 1 款事实上已经弥补了这一缺陷，《行政诉讼法》修改只是将司法解释上升到法律层面，并且这一修改也是为了与《民事诉讼法》的相关规定保持一致。这种情形的拟制撤诉制度，在 2014 年《行政诉讼法》修改后得到了较大程度的完善，但仍存在以下尚待改进之处：一是仅以原告不到庭或者未经法庭许可中途退庭作为可以按撤诉处理的依据，对原告的要求过于严格。拟制撤诉虽然是对当事人撤诉意思表示的一种法律上的推定，但这种推定不能漠视当事人的意思表示，否则就有违撤诉处分权的法理。原告不到庭或者中途退庭，可能是不愿意继续进行诉讼，也可能是基于其他原因，仅以此推断原告有撤诉的意思表示并不充分。在实践中，有的将原告迟到几分钟视为“原告不到庭”，或者将“原告中途无故离开几分钟”视为“无正当理由中途退庭”，并据此作出按撤诉处理的裁定，明显是对当事人撤诉意思表示的不尊重。二是对法院的审查权没有作出明确规定。此种情形的拟制撤诉，立法虽然没有将法院的审查权排除在外，但也没有对法院的审查权作出明确规定，致使司法实践中法院几乎不作审查而一律按撤诉处理。这种做法，首先是为原告规避法院的审查提供了条件，有可能使行政诉讼撤诉制度中法院的审查权在事实上被否定。原告如果担心申请撤诉法院很可能裁定不予准许，他完全可以不向法院提出撤诉申请，只要实施拒不到庭或者中途退庭的行为，就可以简单、轻松地让法院按撤诉处理。这就为原告规避法律滥用撤诉权提供了途径，使原告恶意撤诉的企图得以实现，导致行政诉讼撤诉制度中法院的审查权有可能形同虚设。其次，这种做法不利于对被告诉讼权利的尊重和保护。原告如果担心应诉答辩后的被告不同意其提出的撤诉申请，他同样可以不向法院提出撤诉申请，以实施不到庭或者中途退庭的行为，让法院按撤诉处理，从而使被告对原告撤诉申请的同意权无法得到行使。

第二种情形的拟制撤诉指的是，原告或者上诉人未解决案件受理费的预交问题按撤诉处理。这种情形的拟制撤诉，在《行政诉讼法》上没有作出规定，规定在《行政诉讼法解释》第 61 条中。[1]虽然英国有与此相类似的规定，但笔者认为，原告或者上诉人未解决案件受理费的预交问题按撤诉处理与撤诉成立的时间要求不符。法院审理行政案件，一个先决条件为原告应当提交诉状并预交案件受理费。如果案件受理费预交的问题没有解决，行政案件不能进入后续的审理程序，应当视为行政诉讼尚未成立。即使《行政诉讼法》修改后强化了行政案件受理的立案登记制度，预交案件受理费也应当作为行政诉讼起诉的成立条件，不能将此种情形纳入行政诉讼撤诉制度来加以解决。

（四）撤诉法律后果制度

法院对撤诉的处理有准许撤诉或按撤诉处理和不准许撤诉两种情形，撤诉法律后果制度存在的问题可依这两种情形分别进行讨论。

1. 法院裁定准许撤诉或按撤诉处理法律后果制度

《行政诉讼法解释》第 60 条[2]对法院裁定准许撤诉的法律后果制度作了规定。这一制度存在的主要问题：一是关于撤诉

---

[1] 《行政诉讼法解释》第 61 条：“原告或者上诉人未按规定的期限预交案件受理费，又不提出缓交、减交、免交申请，或者提出申请未获批准的，按自动撤诉处理。在按撤诉处理后，原告或者上诉人在法定期限内再次起诉或者上诉，并依法解决诉讼费预交问题的，人民法院应予立案。”

[2] 《行政诉讼法解释》第 60 条规定：“人民法院裁定准许原告撤诉后，原告以同一事实和理由重新起诉的，人民法院不予立案。准予撤诉的裁定确有错误，原告申请再审的，人民法院应当通过审判监督程序撤销原准予撤诉的裁定，重新对案件进行审理。”

后原告不得以同一事实和理由重新起诉的规定是不恰当的。撤诉是原告对起诉的撤回，使法院不对案件行使审判权而停止审判本案，原告只是暂时放弃和处分了自己的诉讼权利，并不影响其实体权利的存在，法院也没有对案件的实体问题作出裁决。因此，撤诉应当视为未提起诉讼，当事人的诉权并不能因撤诉而丧失，原告在撤诉以后仍然可以以同一事实和理由重新起诉。有学者指出："撤诉后原告不得以同样的事实和理由再次提起诉讼的规定，在现有体制以及法治水平，特别是行政相对人的法治水平的条件下，对原告利益的保障是极为不利的，同时也不能充分发挥司法维权的有效功能。"[1]二是对准许撤诉的裁定确有错误启动再审程序的具体情形没有作出规定。如果依所有的存在错误的准许撤诉的规定都可以启动再审程序，虽对原告利益保护有利，但对于审判人员而言过于苛刻，也与司法实践中的实际情况不符，何况再审程序只能有限地纠正生效裁判的错误。因此，只有在准许撤诉的裁定存在严重的错误时才可以启动再审程序。三是对法院作出准许撤诉的裁定是否引起行政诉讼起诉期限的中断没有作出规定。在现行规定不允许原告重新起诉的条件下，不规定这一问题影响不大，但如果规定了原告撤诉后可以重新起诉，就有必要对这一问题予以明确。

行政诉讼的拟制撤诉制度中法院裁定按撤诉处理存在法律救济的空白。在司法实践中，如果原告受到欺骗、胁迫等因素而被迫不到庭或者中途退庭，法院裁定按撤诉处理，如果没有法律救济制度的规定，原告的合法权益就无法得到保护。存在拟制撤诉的情形，法院裁定按撤诉处理，如果对国家利益、社会公共利益和他人的合法权益造成损害，或者违反法律的禁止

---

〔1〕 黄学贤："行政诉讼撤诉若干问题探讨"，载《法学》2010 年第 10 期，第 44~45 页。

性规定，也需要相应的法律救济制度。

2. 法院裁定不准许撤诉法律后果制度

与准许撤诉相比，法院裁定不准许撤诉的法律后果较为简单，因为法院裁定不准许撤诉时，最基本的法律后果是行政诉讼程序继续进行。《行政诉讼撤诉规定》第 7 条规定，申请撤诉不符合法定条件，法院应当及时作出裁判。对法院裁定不准许撤诉的法律后果，《行政诉讼法解释》第 79 条第 1 款〔1〕作了规定。上述规定对拟制撤诉制度中法院不按撤诉处理也是应当适用的。在拟制撤诉制度中，存在可以按撤诉处理的情形，法院经审查不按撤诉处理，没有必要作出裁定，而是继续依法对案件进行审理。因此，拟制撤诉制度不存在对法院不按撤诉处理的决定予以救济的问题。但申请撤诉制度中法院作出的不准许撤诉的裁定存在错误，应当有法律救济的途径，目前行政诉讼立法和司法解释对此未作规定。

（五）第二审程序和再审程序中撤诉制度

我国行政诉讼实行的是两审终审制，当事人不服第一审法院作出的裁判的，可依法提起上诉而进入第二审程序。对法院作出的生效行政裁判，当事人还享有申请再审的权利，如果法院认为申请再审符合条件且存在法定的再审事由，还可以对法院的生效行政裁判适用再审程序再次进行审理。行政诉讼撤诉制度，不仅存在于第一审程序，在第二审程序和再审程序中也同样存在。第二审程序和再审程序的撤诉制度，在一般情况下可以适用第一审程序的规定，但基于第二审程序和再审程序的特殊性，第二审程序和再审程序的撤诉制度也有自身的特殊规则。

---

〔1〕《行政诉讼法解释》第 79 条第 1 款："原告或者上诉人申请撤诉，人民法院裁定不予准许的，原告或者上诉人经传票传唤无正当理由拒不到庭，或者未经法庭许可中途退庭的，人民法院可以缺席判决。"

对于这一问题，《行政诉讼法》中没有作出任何规定，最高人民法院有关司法解释涉及的也很少，且某些规定不合理。

《行政诉讼撤诉规定》第 8 条[1]规定了第二审和再审期间行政机关改变被诉具体行政行为当事人申请撤回上诉或者再审申请的处理办法。这一规定的不合理之处，不仅在于违反了程序问题用裁定、实体问题用判决的基本规则，而且在于“在裁定理由中载明原裁判全部或者部分执行”的规定在法理上来讲是不适当的。因为既然法院裁定准许撤回上诉或者再审申请，应当视为当事人对一审判决或者原生效判决没有异议，也应当视为第二审程序和再审程序没有发生，原裁判应当发生法律效力或恢复法律效力。实际上，司法解释的上述规定体现的是因行政协调而撤诉的情形。笔者对因行政协调而撤诉持反对意见，因而主张应当废止这一规定。《行政诉讼法解释》第 61 条涉及了上诉人因未依法解决案件受理费的预交而拟制撤诉的问题。笔者认为应将因未依法解决案件受理费预交的问题排除在行政诉讼撤诉制度之外，故同样主张应当废止这一规定。

《行政诉讼法》第 58 条和《行政诉讼法解释》第 79 条第 1 款对上诉人无正当理由拒不到庭或者未经法庭许可中途退庭适用拟制撤诉制度以及上诉人在法院裁定不准许撤诉时不到庭或者中途退庭的处理作了规定。这一规定是拟制撤诉制度在第二审程序中的体现，应当依据第一审程序的拟制撤诉制度作相应的调整，并且应对再审程序的拟制撤诉制度一同进行规范。

第二审程序和再审程序撤诉制度存在的其他主要问题是，

---

[1] 《行政诉讼撤诉规定》第 8 条规定：“第二审或者再审期间行政机关改变被诉具体行政行为，当事人申请撤回上诉或者再审申请的，参照本规定。准许撤回上诉或者再审申请的裁定可以载明行政机关改变被诉具体行政行为的主要内容及履行情况，并可以根据案件具体情况，在裁定理由中明确被诉具体行政行为或者原裁判全部或者部分不再执行。”

对自身的某些特殊规则没有作出明确的规定。例如，如何确定申请撤回上诉和再审申请的主体，原告在第二审程序和再审程序中能否撤回起诉；双方当事人都提出上诉或者申请再审时撤诉的规则如何确定；在因检察机关提出抗诉或再审检察建议启动再审时，申请提出再审检察建议或抗诉的当事人能否向法院撤回再审案件，能否对申请提出再审检察建议或抗诉的当事人适用拟制撤诉制度；在法院依职权启动再审时，申诉人能否撤回申诉，能否对申诉人适用拟制撤诉制度；法院裁定准许撤回上诉或者再审申请的效力有何特殊性等。

## 二、行政诉讼撤诉制度在运行中的相关问题

### （一）行政案件撤诉率居高不下

对行政案件撤诉率的分析，学者们一般是从三个阶段来进行的。第一阶段是从 1990 年《行政诉讼法》实施至 1997 年。这一阶段，全国行政案件撤诉率逐年上升，从 1990 年的 36.1% 上升到 1997 年的 57.3%（其中 1991 年为 36.97%，1992 年为 37.84%，1993 年为 41.31%，1994 年为 44.31%，1995 年为 50.59%，1996 年为 53.96%）。[1]当时的理论界和实务界对这种现象均持否定的态度。从理论界而言，学者们大多对如何控制行政诉讼中的不当撤诉而降低撤诉率进行了探讨，司法实务部门也持相同的态度。例如，在 1990 年召开的首次全国行政审判工作会议上，重庆市中级人民法院行政审判庭报告称："我市行政审判工作开展以来，以撤诉方式结束诉讼程序的行政案件所占比重较大"。安徽省高级人民法院行政审判庭的报告也称："当前，行政审判中较为突出的一个现象是，在人民法院受理的

---

〔1〕 本部分关于行政案件撤诉率的数据，来源于《中国统计年鉴》和《中国法律年鉴》。

行政案件中，撤诉案件占相当比例。”在1995年广西省高级人民法院贯彻实施行政诉讼法情况汇报中，对控制行政案件的撤诉率提出了明确的要求。第二个阶段是从1997年至2005年。这一阶段，由于以往行政案件撤诉率逐年上升且居高不下的现象引起了司法界的重视，法院的共识是要控制行政案件的撤诉率。最高人民法院将降低撤诉率作为一项重要工作。最高人民法院主管行政审判的领导在法院系统内部的讲话中，多次提出撤诉率偏高，要求该判决的就要大胆判决。[1]这一时期，全国行政案件撤诉率明显下降，从1997年的57.3%逐年下降至2002年的30.67%（其中1998年为48.9%，1999年为46.42%，2000年为37.84%，2001年为33.34%），2003年至2005年为30%左右（其中2003年为31.58%，2004年为30.64%，2005年为29.82%）。地方法院在这一方面也做了努力。例如，吉林省高级人民法院在1997年下达了专门的文件，要求行政案件撤诉率控制在30%以下，并将这一要求作为评选“行政审判群众满意法院”和“群众满意行政法官”的一个重要条件，在1999年吉林省高级人民法院作出的吉林省近几年行政审判工作情况报告中又一次明确提出要控制行政案件的撤诉率。经过上述努力，吉林省行政案件的撤诉率从1997年的48%下降到1998年的26%，1999年的前9个月也只有28%，控制行政案件的撤诉率收到了明显的成效。其他的地方法院也有相类似的做法，致使这一时期全国范围内行政案件撤诉率有了较大幅度的回落。第三个阶段是2005年以后至现在，最高人民法院对行政案件撤诉的政策从方向上进行了调整，由限制撤诉转变为倡导以行政协调的方式撤诉，行政案件的撤诉率又呈上升趋势，从2005年至2014

---

〔1〕何海波：《实质法治：寻求行政判决的合法性》，法律出版社2009年版，第77页。

年从未低于 30%（其中 2006 年为 33.46%；2007 年为 36.96%；2008 年为 35.91%；2009 年为 38.44%；2010 年为 44.49%；2011 年为 47.59%；2012 年为 49.84%；2013 年为 41.87%；2014 年为 30.23%）。由于 2014 年《行政诉讼法》修改扩大了行政诉讼调解的适用范围，2015 年以后行政案件的撤诉率有了一定程度的下降，但仍然高达 20%左右。

虽然对行政案件撤诉率可以从上述三个阶段来进行分析，但从总体的情况而言，自 1990 年《行政诉讼法》实施以来，行政案件撤诉率一直处于较高水平且居高不下，撤诉是法院在行政诉讼中最为重要的结案方式。应当说，有诉讼的提起，就会有诉讼的撤回，行政案件撤诉率在合理的范围之内是正常的。在法律规定的范围内，当事人出于自己真实的意思表示撤回自己已经向法院提起的诉讼，对行政案件的快速处理和有限司法资源的节省是有好处的，也有利于行政诉讼双方当事人的和谐共处。但是，作为行使行政审判权的法院，如果其对行政案件的处理过多地以撤诉的方式来解决，这种情形的存在就不合理，也不太正常。过高的撤诉率，会使法院裁决纠纷的功能受损，行政诉讼中法院监督行政机关依法行使职权和保护行政相对人合法权益的目的也可能无法实现。因为“对纠纷过程进行有效的评判不仅要维护结果的真实性，而且要使该结果具有规范价值，也就是说，当事人在纠纷中的输赢并不是最重要的，重要的是他为什么赢了或输了”。〔1〕有学者还明确指出：“虽然，撤诉属于当事人处分权作用的范畴，但是我国撤诉比例的此种畸高形态及持续走高的趋势并非完全是撤诉制度属性内的规范使然，而是客观反映了我国撤诉制度的非规范运行及撤诉制度空

〔1〕 贺海仁：《无讼的世界：和解理性与新熟人社会》，北京大学出版社 2009 年版，第 30 页。

间内诉讼主体参与力量配置的失控，从而需要予以特别关注和研究。”〔1〕这一论述虽然是针对民事诉讼而言的，但对行政诉讼撤诉制度也是完全适用的。

（二）当事人申请撤诉不是出于自己真实的意思表示

撤诉是当事人行使处分权的体现，必须出于自己真实的意思表示。如果当事人申请撤诉不是出于自己真实的意思表示，无疑是非正常的撤诉。撤诉制度改革要解决的一个关键问题，就是要确保当事人提出撤诉申请必须是出于自己真实的意思表示。

在2014年《行政诉讼法》修改之前，行政案件起诉难、立案难的问题十分突出，修改后的《行政诉讼法》力求解决这一问题，并且取得了一定的预期效果。为什么原告提起了行政诉讼，又会提出撤回行政诉讼的申请呢？究其原因，有部分案件是因为原告在提起行政诉讼以后，认为被诉行政行为并不具有违法性，自己胜诉无望而申请撤诉；也有部分行政案件是因为原告提起行政诉讼以后，被告改变了被诉行政行为，原告认为原被诉行政行为对其造成的不利影响已经消除而申请撤诉。但是，从实践中的情况来看，也有行政案件当事人申请撤诉并不是出于自己真实的意思表示。

当事人不是出于自己真实的意思表示而申请撤诉的表现形式主要有以下几种：一是作为被告的行政机关以欺骗、胁迫等非法手段迫使原告撤诉。在行政诉讼中，双方当事人是处于行政相对人地位的原告和作为被告的行政机关。行政机关在多数情况下不愿意成为被告，更不愿意败诉，因为从主观上来讲被原告起诉并败诉可能有损自己的政绩形象，客观上不少地方将

〔1〕 李潇潇：“民事一审撤诉的类型化研究”，载《华东政法大学学报》2015年第4期，第98~99页。

行政案件败诉率纳入了单位年度绩效考核的指标之中，还有地方将行政机关涉诉作为一个考核指标，即无论判决结果如何，哪怕行政机关胜诉，也会影响其考核。行政相对人和行政机关在行政管理过程中是一种不平衡的关系，处于被管理地位的是行政相对人，处于管理地位的是行政机关。行政诉讼双方当事人诉讼地位平等的原则虽然在《行政诉讼法》中作了规定，但行政相对人与行政机关在行政管理过程中的不平衡关系会引申至行政诉讼过程之中。有的行政机关不愿当被告，更害怕自己在行政诉讼中败诉，就利用自己的优势地位和手中掌握的行政权力，采取欺骗、胁迫等非法手段迫使原告申请撤诉。原告在行政机关这种外力的干预之下，不得不违背自己真实的意思表示而提出撤诉申请。二是作为被告的行政机关通过其他公权力机关向原告施加压力，迫使原告违背自己真实的意思表示提出撤诉申请。有的行政机关在成为行政诉讼的被告以后，不仅自己采取非法手段迫使原告撤诉，还利用自己在国家机关体系中的关系网，由对原告具有直接管理、支配关系的其他公权力机关向原告施加压力，迫使原告申请撤诉。三是法院主动或者被动地向原告施加压力迫使原告撤诉。行政诉讼撤诉制度设计的本意，是让法院对原告的撤诉申请行使审查权，确保原告撤诉申请是其真实的意思表示，并排除外界的压力对当事人申请撤诉的影响。但是，在司法实践中，有的法院在受理行政案件后，担心判决行政机关败诉会影响法院和行政机关的关系，担心作出的行政机关败诉的判决无法得到执行，同时考虑到让原告撤诉不会承担错案追究的风险责任等因素，有时会主动地向原告施加压力，迫使原告提出撤诉申请。也有的法院本想确保原告撤诉申请是其真实的意思表示，至少不想强迫原告撤诉，但作为被告的行政机关或者其通过其他公权力机关向法院施加干预，法院不得不被动地违心向原告施加压力，迫使原告提出撤诉申请。四是因为行政诉讼撤诉制度程序规则的不完善，对当事人的撤诉申请，法院没有询问当事人和进行风险告知，对当事人受到的外界压力法院并不知情，当事人不了解撤诉的法律后果，致使当事人的撤诉申请不是自己真实的意思表示。需要指出的是，如果当事人提出撤诉申请是对法院行政审判公正性的担心，害怕行政机关打击报复，考虑胜诉以后难以执行，并不存在外界的压力或者法院严重的程序违法，是自己在再三权衡之下申请撤诉，不能认定撤诉不是自己真实的意思表示。

当事人不是出于自己真实的意思表示而申请撤诉，严重影响了原告在行政诉讼过程中的权利救济，对原告的合法权益的有效保护不利。

（三）当事人因行政协调而申请撤诉的不合理之处十分明显

1. 概说

当事人因行政协调而申请撤诉，是指原告在提起行政诉讼以后，作为被告的行政机关认识到自己的被诉行政行为违法，采取主动改变被诉行政行为等方式，直接与原告进行协商，或者在法院主持下与原告进行协商，双方签订和解协议，原告达到了起诉的目的而申请撤诉。

当事人因行政协调而申请撤诉与被告改变被诉行政行为往往是结合在一起的。有学者指出：“这种因被告改变被诉具体行政行为原告同意并撤诉的，从字面上看是当事人撤诉的一种情形，实际上是行政机关与当事人就被诉具体行政行为‘异化和解’的过程，和解是撤诉的动因，撤诉是和解的结果。”[1]

---

〔1〕 张宜群：“试论行政诉讼中‘异化和解’的限制原则——兼评析《关于行政诉讼撤诉若干问题的规定》第二条第二项”，载《广西政法管理干部学院学报》2009年第1期，第22页。

在实践中，当事人因行政协调而申请撤诉主要有两种方式：一是作为被告的行政机关主动地直接与原告进行协商。有的行政机关在被原告提起行政诉讼以后，认识到被诉行政行为违法，担心法院作出其败诉的判决，便主动与原告进行私下协商，改变被诉行政行为，或者作出某种让步或许诺，或者以不执行被诉行政行为为条件，动员原告撤诉。二是法院主持原告与被告之间进行协调。在原告提起行政诉讼以后，法院基于考虑和被告的关系，或出于对原告的同情，或出于案件关系复杂容易引起矛盾，或在被告的请求下，组织原告与被告双方进行协商，动员原告撤诉。无论上述何种方式，如果原告认为自己的起诉目的已经达到，或者在权衡各方面关系的情况下，可能同意撤回诉讼而不再将诉讼坚持下去。

行政诉讼撤诉制度在运行中存在的主要问题，在行政诉讼制度实施初期是原告申请撤诉不是出于自己真实的意思表示。但近年来，虽然仍然存在原告申请撤诉不是出于自己真实的意思表示的情形，但当事人因行政协调而申请撤诉已转化为行政诉讼撤诉制度在运行中存在的主要问题。

2. 背景

我国处于社会经济的转型期，利益诉求多元化，各种社会矛盾凸现，行政纠纷的数量大为增加，案情也趋于复杂。在日益增多的行政纠纷中，有的持续时间较长，有的法律适用复杂，有的涉及范围广易引起群众性矛盾。行政争议如果得不到妥善解决，将不利于社会的安定团结。但是，如果按传统的行政诉讼机制来审判行政案件，基于行政审判权的有限性，许多案件案结事不了。加之《行政诉讼法》规定“行政诉讼不适用调解”，只能从现有制度中转而求其次地尽可能寻找合理的依据，行政诉讼撤诉制度就承担了这一角色，即通过行政协调实质性地化解官民之间的矛盾，而以撤诉的方式来结案。这种做法在一定程度上适应了行政纠纷解决方式多元化的现实需要，又不明显超越现行法律的规定。另外一个因素是，随着我国法治进程的推进，行政相对人的权利意识和法治观念日益增强，作为被告的行政机关或者法院违法强迫原告撤诉往往达不到目的，对行政审判的公正性和行政诉讼执行，原告的信心也大大增强，甚至并不害怕行政机关的“打击报复”。在上述因素的影响下，原来很长一段时间司法实践中存在着“协调”或“和解”解决纠纷的方式，自 2006 年开始，这种方式从“名不正、言不顺”的地位转化为名正言顺的行政协调机制。

3. 司法政策

当事人因行政协调而申请撤诉，在法律上很难找到依据，但有充足的司法政策予以支持。2006 年，中共中央十六届六中全会通过了《关于构建社会主义和谐社会若干重大问题的决定》，对加强社会和谐的司法保护提出了要求，强调在司法过程中要更多采用调解方式化解矛盾。中共中央办公厅和国务院办公厅于 2006 年 9 月 4 日联合下发了《关于预防和化解行政争议健全行政争议解决机制的意见》，高度评价了以协调、调解方式解决行政纠纷和审理行政案件的做法，并进一步对这一工作提出了明确的要求。

最高人民法院在上述党和国家政策的指导下，下发了一系列关于以协调、调解方式解决行政争议的文件。早在 2005 年，最高人民法院就确定将行政诉讼和解制度作为调研的重点课题，并在有关的法院进行了试点。之后，各地法院进行了积极的探索，江苏省镇江市中级人民法院、浙江省宁波市中级人民法院、山东省高级人民法院、广东省高级人民法院等纷纷展开调研，并形成了调研报告。2006 年 12 月 5 日，最高人民法院下发了

《关于妥善处理群体性行政案件的通知》，要求尽可能以协调方式解决群体性行政案件。2007年1月15日，最高人民法院下发了《为构建社会主义和谐社会提供司法保障的若干意见》，对积极探索行政诉讼和解制度提出了明确的要求。2007年4月24日，最高人民法院下发了《关于加强和改进行政审判工作的意见》，再次要求对社会热点问题引起的群众性行政争议要最大限度地采取协调方式处理。从2007年上半年开始，最高人民法院开始着手起草关于行政诉讼和解的司法解释，形成了《关于行政诉讼中当事人和解若干问题的规定》（征求意见稿）。有人在征求意见的过程中提出，和解制度在行政诉讼法上并没有作出规定，不如将司法解释的切入点定位为撤诉制度，从而做到既不对现有法律规定予以超越，又能解决实际问题。于是，2007年12月17日，最高人民法院通过了《行政诉讼撤诉规定》，为行政协调提供了法律依据。2008年1月31日，最高人民法院下发了《关于认真贯彻执行〈关于行政诉讼撤诉若干问题的规定〉的通知》。2008年8月18日，在最高人民法院下发的《行政审判工作绩效评估办法（试行）》中，正面的考核指标就包括了撤诉率，表明了最高人民法院在行政审判中支持、鼓励撤诉的态度。2010年6月，最高人民法院下发了《关于进一步贯彻“调解优先、调判结合”工作原则的若干意见》，于同月29日又下发了《关于为加快经济发展方式转变提供司法保障和服务的若干意见》，提出要积极推进构建“三位一体”的人民调解、行政调解、司法调解的大调解格局，加大调解的力度。

除了最高人民法院的有关司法文件外，一些地方法院也出台了有关行政案件协调处理的文件。例如，北京市高级人民法院出台了《关于行政案件协调处理有关问题的意见（试行）》；上海市高级人民法院出台了《关于加强行政案件协调和解工作的若干意见》；广东省高级人民法院出台了《关于行政案件协调和解工作若干问题的意见》；四川省高级人民法院出台了《行政案件协调处理若干问题的意见（试行）》；福建省高级人民法院出台了《关于规范行政审判协调工作的指导意见（试行）》。

随着上述一系列司法政策的出台，当事人因行政协调而申请撤诉获得了司法政策的支持，成了行政审判工作的主流价值追求。

4. 司法现状

在有关司法政策的指导和支持下，行政审判实践中法院加强行政案件的协调和解工作，当事人因行政协调而申请撤诉的情形十分常见。

从新闻媒体的有关报道也可以看出，2006 年以来，原告因行政协调而申请撤诉已经成为我国现阶段行政诉讼撤诉制度运行的主要形式。下面对新闻媒体报道的主要内容、题目和报纸名称作出列举。

2006 年上半年，福建全省审结的一审行政案件中，有 40% 是经法院协调后撤诉的。“福建规范行政审判取得好效果”，载《人民法院报》2006 年 11 月 17 日。

河北省张家口市桥西区人民法院，在行政审判中积极执行协调解决方式，连续三年行政案件的撤诉率达 70%。“桥西强化协调机制化解行政争议”，载《人民法院报》2007 年 4 月 4 日。

浙江省宁波市中级和基层两级人民法院在行政审判中积极推行案外协调机制，2007 年 1 月至 6 月 15 日，经协调原告撤诉的案件占 50.9%。“强化庭外协调 源头化解纠纷”，载《人民法院报》2007 年 6 月 17 日。

山东省莒县人民法院在行政审判中引入诉讼和解，建立行政诉讼协调机制，自 2001 年以来撤诉率逐年增长，其中 2006 年撤诉率为 89.81%，2007 年 1 至 6 月份为 91.11%。“莒县行政和解撤诉率持续六年攀升”，载《人民法院报》2007 年 7 月 13 日。

自 2005 年至 2007 年上半年，成都市高新区人民法院审结的行政案件，经协调原告撤诉的案件达 81%。“成都高新法院注重协调行政案　拆迁纠纷多数以原告撤诉结案”，载《人民法院报》2007 年 7 月 30 日。

苏州市工业园区人民法院近三年来行政案件撤诉率达 62%，2007 年上半年更达 87.5%。“苏州工业园区行政案件撤诉近九成”，载《江苏法制报》2007 年 7 月 31 日。

无锡市北塘区法院自 2007 年以来，行政案件均以协调成功告结，撤诉率达 100%。“协调行政案件 100%撤诉”，载《江苏法制报》2007 年 8 月 16 日。

2007 年 1 月至 8 月 20 日，福建省三明市两级人民法院审结的行政案件，有 50%是经协调由原告申请撤诉的。“积极运用协调方法　努力促成案结了事”，载《人民法院报》2007 年 8 月 23 日。

2007 年 1 月至 9 月，湖南省株洲市天元区人民法院审结的行政案件中，经协调当事人撤诉的为 87.5%。“株洲天元积极化解行政争议　逾八成案件当事人自动撤诉”，载《人民法院报》2007 年 10 月 8 日。

山东省邹平县人民法院在行政审判中积极引入协调机制，2007 年 1 至 10 月，行政案件撤诉率达 73%。“邹平行政审判案件撤诉率高”，载《人民法院报》2007 年 11 月 19 日。

在行政审判中，山东省东明县人民法院大力加强协调工作，2006 年至 2007 年 8 月底，有 82.3%的行政案件是经协调由原告撤诉的。“加大协调力度　八成案件撤诉”，载《人民法院报》2007 年 11 月 23 日。

浙江省金华市两级人民法院，积极开展行政审判协调工作，2007年经协调原告撤诉的案件为60%。“金华行政审判做到‘三注重’”，载《人民法院报》2008年1月2日。

2007年以来，襄阳市襄州区人民法院经协调原告撤诉率达84%。“襄樊襄阳搭建行政案件协调平台　八成案件经协调当事人自愿撤诉”，载《人民法院报》2008年3月3日。

江苏省宿迁市宿豫区人民法院，2007年行政案件和解撤诉率为72.22%，其中12月份协调撤诉率达85.71%。“宿豫行政审判架起干群‘连心桥’”，载《江苏经济报》2008年3月19日。

2007年，苏州市人民法院一审行政案件协调撤诉率达到45.1%。“首次适用行政撤诉规定　苏州一审行政案件协调撤诉近一半”，载《江苏法制报》2008年3月25日。

2008年一季度，江苏省吴江区人民法院行政案件撤诉率达83%。“吴江一季度行政审判撤诉率达83%”，载《江苏法制报》2008年4月8日。

近年来，山东全省法院行政案件和解及撤诉率保持在40%以上，2007年达到52.7%。“加强行政审判工作　受案量连续6年第一”，载《济南日报》2008年6月19日。

江苏省泗洪县人民法院在2008年上半年通过协调化解行政案件的撤诉率达79.17%。“泗洪积极化解行政争议”，载《江苏经济报》2008年7月2日。

江苏省淮安市楚州区人民法院积极鼓励和倡导当事人协商化解行政争议，2007年以来经协调原告撤诉率达81%。“楚州搭建化解行政纠纷平台”，载《江苏经济报》2008年7月9日。

2008年8月以来，山东省德州市中级人民法院行政案件和解撤诉率达85.88%。“德州行政案件推出‘圆桌审判’模式”，载《人民法院报》2009年5月6日。

2007年以来，福建省福安市人民法院行政案件协调撤诉率达66.7%。“福安处理行政纠纷司法建议先行”，载《人民法院报》2009年6月23日。

2005年以来，浙江省义乌市中级人民法院行政案件和解撤诉率每年均超过40%，最高的达52%。“义乌积极推行行政案件协调工作”，载《人民法院报》2010年2月12日。

2010年以来，天津市河东区人民法院行政案件协调撤诉率达79.2%。“河东区法院探索行政纠纷多元化解机制”，载《天津政法报》2010年5月21日。

2010年1至9月，山东省德州市两级人民法院行政案件调解撤诉率达88%。“全市法院精细化审判管理见成效”，载《德州日报》2010年10月1日。

2010年，广东省梅州市中级人民法院行政案件和解撤诉率达68.4%。“积极协调巧解‘官民矛盾’”，载《梅州日报》2011年2月11日。

2010年以来，河南省高级人民法院行政案件协调撤诉率达58.1%。“河南法院加大行政争议协调促官民和谐”，载《人民法院报》2011年5月9日。

吉林省四平市中级人民法院于2010年行政案件撤诉率达42.7%，2011年上半年达50%。“‘三个对接’促50%行政案撤诉”，载《四平日报》2011年8月2日。

2008年以来，海南省行政案件的受案数量呈曲线上升趋势，但四年来和解撤诉案件数量翻了一番。“海南行政案件和解撤诉四年翻番”，载《人民法院报》2012年3月18日。

5. 评析

对当事人因行政协调而申请撤诉的状况，理论界评价不一。

有学者认为，这种处理机制是新形势下解决行政争议的一项有效法律制度，是在法律允许的范围内的制度创新，是促进“官民和谐”和实现“案结了事”的必然要求。[1]还有学者认为，通过法院的法制疏导，行政案件以撤诉方式结案，主要的优点有以下几方面：“①有利于密切诉讼双方当事人的关系……②有利于案件的执行……③有利于及时审结行政案件，提高行政效率……”[2]赞同当事人因行政协调而申请撤诉的学者还提出了以下理由，认为这种做法规避了行政诉讼不适用调解的规定，往往能收到法院和当事人都满意的效果，是刚性的判决方式所无法代替的，可以从源头上化解行政纠纷，在客观上获得了立法机关的肯定和支持，丰富了行政诉讼的结案方式，是适应新时期情况下对有效处理行政纠纷具有重大意义的突破，对我国行政诉讼撤诉制度的发展具有重要的促进作用；并且行政协调并不意味着放弃司法监督，而是通过这种方式获得行政机关更多的配合和认同，以此来改善行政审判权运行的环境，更好地履行司法监督的职能，既能做到行政审判法律效果和社会效果的统一，又能有效地保护当事人的合法权益。

应该说，与当事人申请撤诉不是出于自己真实的意思表示相比，因行政协调而申请撤诉，当事人在行政诉讼撤诉制度运行过程中的主观意志得到了很大程度的尊重，主体地位也有一定程度的保障。但是，当事人因行政协调而申请撤诉的情形并非不存在弊端，有许多学者对此作了较为深入的分析。

有学者认为，行政诉讼协调和解机制存在如下问题：“①以撤诉方式实现协调和解与立法本意相背离……②以抽象的司法

---

〔1〕 吕存诚：“行政诉讼撤诉制度的发展路径——以民事诉讼撤诉制度为比较”，载《绍兴文理学院学报（人文社会科学版）》2008年第5期，第119页。

〔2〕 张建平：“对行政诉讼中撤诉的再认识”，载《山东法学》1991年第3期，第42页。

解释创制和解制度，违反法律保留原则……③以撤诉方式和解在法律程序上存在诸多困境：其一，撤诉无法阻断当事人再次起诉……其二，撤诉裁定中和解协议的履行缺乏程序保障……其三，撤诉无法否定被诉行政行为和原审裁判的法律效力……”〔1〕有学者在分析当事人因行政协调撤诉与《行政诉讼法》的有关规定后，指出其与行政诉讼的禁止调解的规则之间存在矛盾，并且《行政诉讼法》关于撤诉的规定并不是行政协调和解的法律依据。〔2〕还有学者认为，原告因行政协调而申请撤诉，严重影响办案质量，严重违背《行政诉讼法》的原则，违法的行政行为得不到纠正，助长了行政机关规避法律的行为和法院不依法办事的倾向，导致法院公信力的下降，有损法院的声望，缺乏对和解瑕疵的救济，并且行政协调标的不明确可能导致公共利益受到损害。有学者指出，行政诉讼协调撤诉，“如果原告直到同意撤诉时仍然对案件发展方向缺乏最起码的判断，如果行政机关可在人民法院监控的调解程序之外再私下对原告施压，如果最终调解协议里可以出现人民法院在调解过程中没有掌握的方案……这样的调解，即使它们都通过了‘三道防线’，其真实价值也是值得怀疑的”。〔3〕

在笔者看来，当事人因行政协调而申请撤诉存在的弊端主要表现在以下几个方面：其一，缺乏法律依据，不符合行政诉讼的立法精神。在《行政诉讼法》中，并没有行政协调的概念，从法律意义的含义来讲，行政协调实际上就是行政诉讼中的和

〔1〕谭炜杰：“从撤诉到契约：当代中国行政诉讼和解模式之转型”，载《行政法学研究》2012年第3期，第70~72页。

〔2〕沈福俊：“和谐统一的行政诉讼协调和解机制”，载《华东政法大学学报》2007年第6期，第19~22页。

〔3〕刘斌：“行政诉讼调解实证分析”，载《法律适用（司法案例）》2017年第6期，第74页。

解或法院调解。和解制度在《行政诉讼法》中没有作出规定，法院调解在《行政诉讼法》中明确规定原则上不予适用，在司法实践中，大量的行政案件通过名为行政协调实为法院调解的方式来解决，是对《行政诉讼法》的变相违背，导致《行政诉讼法》关于"行政诉讼不适用调解"的规定成了虚设。问题的另一个方面是，虽然法院调解在《行政诉讼法》中明确规定原则上不予适用，但这只是原则性规定，并不完全排除行政诉讼调解的适用，2014年修正的《行政诉讼法》还扩大了法院调解的适用范围。当事人因行政协调而申请撤诉，实际上是将行政诉讼中的法院调解和撤诉这两种制度生硬地结合在一起，不仅混淆了这两种制度的本质区别，而且从形式上看，无法找到《行政诉讼法》关于调解的规定在行政审判实践中的适用。其二，原告因行政协调而申请撤诉，有时起不到案结事了的效果，还可能诱发更多的新的行政争议，增大了预防和化解纠纷的难度。因行政协调而撤诉，可能使原告对自己的诉讼请求在客观上予以否定，也可能否定已经实现的请求或者双方已经达成的协议，从而并未了结案件。目前，行政诉讼中的和解或调解协议属于行政合同性质，没有任何强制执行的效力，只是法院裁定撤诉的事实根据。法院准许撤诉的裁定，不仅不宜对争议的实体问题作出判断，而且其一经送达意味着原告提起的诉讼已经撤回因而司法权运行即告终止，因为司法权的运行以"诉"为前提，既然原告已经撤回诉讼，就不存在司法权运行的问题。正因为如此，"撤诉型和解受实体法和程序法的双重规制，但其不具有强制执行力，其履行依赖于当事人的自觉"。[1]实际上，当事人因行政协调而申请撤诉的，当事人双方达成的和解或调

〔1〕 钱慧智："论我国撤诉型和解的瑕疵救济"，载《江苏警官学院学报》2013年第4期，第33页。

解协议能否履行的主动权大多掌握在行政机关手中，如果行政机关不讲诚信不履行义务，当事人之间的行政争议并不能案结事了，行政相对人的权利救济也会陷入困境。其三，对行政诉讼的法律监督功能产生了冲击，对行政审判的司法公信力产生了影响。在当事人因行政协调而申请撤诉的案件中，有不少的案件是被诉行政行为违法，法院本应依法作出撤销判决或者变更判决的。此类案件通过行政协调原告申请撤诉，被诉行政行为的违法性在行政诉讼中得不到法律评价，行政诉讼监督行政机关依法行使职权的目的成了空谈，不利于通过行政诉讼制度促使行政机关依法行政水平的提高。在被诉行政行为违法的情况下，通过行政协调让当事人申请撤诉，法院有借行政协调之名不敢对违法行政行为依法履行监督职能之实的嫌疑，可能使人认为法院与行政机关是"官官相护"，因而在一定程度上影响了行政审判的司法公信，不利于司法权威的树立和法院形象的维护。总之，这种因行政协调当事人申请撤诉的所谓行政协调撤诉机制，不仅出现了实践中高撤诉率表象下的行政诉讼调解的异化，而且不利于实现行政诉讼保护行政相对人合法权益和监督行政机关依法行使职权的目的，可能使行政纠纷更加复杂化。因此，对当事人因行政协调而申请撤诉的情形需要在法律上予以规制，从而使行政诉讼撤诉制度和行政诉讼调解制度朝着正确的方向予以发展。

在2014年《行政诉讼法》修正以后，有学者明确指出，不能以"和解撤诉"代替"行政审判"，并且具体分析了下述关键问题："①在行政纠纷的解决过程中，公民对制度的需求和制度的实际运行是存在差异的……②即使在目前强调能动司法和大调解的形势下，也仍然要注意保持能动与消极、判决与调解的平衡，而不是用一种倾向压倒另一种倾向……③法官应该是具备法律素质的专业技术型人才，追求‘零判决’不利于发展和培养法官的司法专业技能，不利于鼓励法官钻研法律知识和技能，不利于调动某些法官的积极性，不利于培养优秀的审判法官……④无原则地使用和解撤诉，不利于司法的公信力和权威……”〔1〕

〔1〕 梁潇：“自下而上改革：对行政诉讼‘和解撤诉’的检视——以诉讼参与人的选择评价为视角”，载《河北法学》2016 年第 4 期，第 176~177 页。

第二部分

# 行政诉讼撤诉制度相关问题产生的原因

## 一、观念上的原因

### （一）传统法律文化的影响

在我国，社会的各个方面在经历了多年的改革开放以后已经发生了日新月异的变化，单一、保守的社会逐步转向为多元、开放的社会。多元、开放的社会，激发了人们的主体意识，明显增强了人们的权利意识和法治观念。但是，在我国历史发展过程中的很长一段时间内，行政诉讼制度并不存在，中华人民共和国成立以后直到1989年才正式确立了这一制度。我国的行政诉讼制度，在很大程度上是法律移植和法律改造的产物。由于受到我国法治化水平的限制，这种法律移植和法律改造仅仅是表面层次的，中国传统法律文化的消极部分对行政诉讼制度的影响在短时期内很难予以消除。行政诉讼撤诉制度，无论是在制度设计上，还是在实务运行中存在的问题，都与传统法律文化中消极部分的影响存在不同程度的关联。

在西方，对法律文化的含义最先进行界定的是美国学者劳伦斯·弗里德曼，他在《法律文化与社会发展》一文中认为，法律文化指的是与法律体系密切关联的态度与价值，法律体系在整个社会文化中的地位由这种态度与价值所决定。劳伦斯·弗里德曼对法律文化概念的解释，强调观念之法的重要性，主要强调法律的观念维度和公众维度，对生活中实际运作的法律予以看重。[1]在我国，学者们对什么是法律文化的认识并不一致。梁治平先生认为，广义的法律文化是指所有的法律现象，狭义的法律文化则是指法的价值体系和观念形态以及与法的价值体系和观念形态有密切联系的人类法行为模式。[2]何勤华教授认为："法律文化是指与法律有关的各种活动的创造性成果的积淀，包括物质的和精神的两个方面。"[3]张文显教授则认为，法律文化仅指法律现象中的精神部分。[4]自清末以来，随着法律文化的现代化和变法改制，传统的法律制度相继被外来的法律制度所取代。因此，一般认为，中国传统的法律文化作为中国传统文化的重要组成部分，是指从西周起至清末中国几千年的法律实践活动及其所创造、积淀的法律成果的总称，是长期流传于中华大地并具有持续性和高度稳定性的法律文化。我国传统法律文化具有义务本位的成型、依附人格的滋生和等级制度的建立等三个特质。[5]我国传统法律文化的消极部分对行政诉讼撤诉制度的影响主要体现在两个方面：一是强调国家权力本位，官本位的思想十分浓厚。在中国思想发展史上，尽管平等也曾经是重要的社会理想之一，但皇权始终是古代司法体系和司法制度的核心，正所谓"礼乐征伐自天子出"。皇权至上，国家最高的立法权和最终的司法权由君主掌握，法律受到权力

---

〔1〕 高鸿钧："法律文化的语义、语境及其中国问题"，载《中国法学》2007年第4期，第23~24页。

〔2〕 梁治平：《法辨——中国法的过去、现在和未来》，贵州人民出版社1992年版，第12~13页。

〔3〕 何勤华：《法律文化史论》，法律出版社1998年版，第1页。

〔4〕 张文显："法律文化的释义"，载《法学研究》1992年第5期，第8页。

〔5〕 王平："中国传统法律文化：特质、根源与转换路径"，载《科学社会主义》2008年第4期，第155页。

的制约和支配，“人治”一直占据统治地位，权比法大，国家权力高度集中，相互之间缺乏制约，法律仅视为服务于权力的工具。官本位的思想，必然导致以官为本和以民为末，对民众利益的保护缺乏足够的重视。官并不把民视为与其法律地位平等的主体，不愿与民对簿公堂，认为被民提起诉讼而成为被告是极不光彩的事情。老百姓对官不敢得罪，在官侵犯其合法权益时也不敢提起诉讼，即使提起诉讼也对打赢官司和执行判决没有信心。二是强调集体本位，人们的权利意识淡薄，长期流行“无讼思想”和“厌讼”的心理。几千年以来，人们一直受到“集体本位”思想的影响，强调国民的义务，人们的权利意识淡薄，没有公民意识，只有“臣民”意识，个人的权利处于次要的地位。中国的传统法律文化由于受“天人合一”哲学观和宇宙观的引导，对社会秩序和谐的追求一直较为强调，这一价值取向的必然结果是“无讼”法律意识的形成，把“无讼”作为一种理想的社会目标和一种最终的社会状态。孔子强调“和为贵”“知和而和”，老子也倡导“知足”和“不争之德”。孔子还是“无讼”理念最早的提出者和倡导者，他曾指出：“听讼，吾犹人也，必也使无讼乎！”宗法制的社会结构、维护稳定的社会秩序、自给自足的小农经济以及和谐观，分别是无讼思想形成的社会根源、政治根源、经济根源和思想根源。在传统社会，主要通过德礼教化、调处息争、严惩“讼徒”和“农忙止讼”等途径来实现无讼。无讼思想直接导致惧讼心理的形成，导致法律意识的淡漠。[1]“无讼”的理念隐含着排除纠纷的罪恶诉讼观，在社会上形成了一种以无讼为德、以诉讼为耻的法律文化心理，民不与官斗的观念更是根深蒂固。不少的人认为，打

---

〔1〕于游：“解读中国传统法律文化中的无讼思想”，载《法律文化研究》2009年第0期，第137~143页。

官司是很丢人的事，是“丑事外扬”，尤其是与行政机关打官司可能被认为是“对抗政府”，因而时常有厌讼的情绪。老百姓大多认为，只要自己不违法，法律就与自己没有多大的关系，即使公权力对其合法权益造成了损害，大多也会选择“上访”“申诉”等非诉途径来表达自己的诉求，不到万不得已的时候不会运用法律武器来维护自己的合法权益。

虽然随着我国市场经济体制的建立和发展以及法治化进程的推进，上述传统法律文化中消极部分的影响已经大为减少，但并未得到彻底和有效的消除。例如，21 世纪以后，我国提出了建设社会主义和谐社会的目标。这一目标的提出无疑是正确的，但由于受到传统法律文化中消极部分的影响，这一目标在个别方面执行的过程中出现了一些偏差。传统法律文化所追求的和谐，包括人与自然的和谐以及人与人之间的和谐。在建设社会主义和谐社会的过程中，我们无疑要对这一传统法律文化予以继承，但也有必要予以超越，不能仅仅追求形式上的和谐。“社会主义和谐社会，应当是民主法治、公平正义、诚信友爱、充满活力、安定有序、人与自然和谐相处的社会。”〔1〕就行政诉讼撤诉制度而言，在行政相对人提起行政诉讼以后，如果案件以撤诉的方式结案，对原告、被告和法院三方而言都认为是最佳的选择，至于对撤诉本身是否是正常撤诉一般不太关注。但是，对待行政纠纷的这种态度，即使案件撤诉了，往往是“案结事还未了”，实际上并没有使行政纠纷真正得到解决，仍然存在行政相对人与行政机关之间矛盾冲突的隐患，甚至还可能引发更大的矛盾冲突。这样就不可能实现构建“和谐社会”的目标。

---

〔1〕 彭凤莲：“追求和谐：传统与现代的链接——以传统法律文化为视角”，载《法学杂志》2010 年第 8 期，第 26 页。

### （二）对程序安定和诉权保护关系的误读

所谓程序安定，是指诉讼的展开应当依据法定的时间先后和空间结构，诉讼应当保持有条不紊的稳定状态并应当作出终局决定。[1]有学者指出，程序安定应当具备的基本要求是程序在时间上的不可逆转性、程序在空间上的不可重复性、程序在运作上的次序渐进性和程序在结果上的终结性。[2]作为诉讼有序进行的基本理念，程序安定既是程序法定的法律价值观的体现，也是程序固有的不可变更特性的体现。[3]程序安定的理论基础包括法理学基础、哲学基础、人性基础和经济学基础。[4]程序安定强调的是一种安全的秩序，如果法律秩序不代表一种安全的秩序，那么它就不是法律。[5]程序安定有利于诉讼程序的有序进行，可以避免诉讼程序的不稳定而引起的诉讼混乱或者诉讼迟延。作为民告官的行政诉讼，如果以撤诉的方式结案，法院的审判负荷最小，不仅满足了收案结案率的考核要求，又不存在涉法上访"一票否决"的要求，从形式上满足了程序安定的要求，对法院而言无疑是真正的"良策"。但是，程序安定是以纠纷的真正解决为前提的，如果行政相对人与行政机关之间的矛盾没有得到有效的解决，就不可能实现实质意义上的程序安定。有学者指出："但需注意的是，向来对程序安定性的介绍中，均未析明程序安定性究竟是要保护谁的利益，程序安定性本身处

---

〔1〕陈桂明：《程序理念与程序规则》，中国法制出版社1999年版，第2页。

〔2〕苏生："试析民事诉讼程序安定制度"，载《法学杂志》2000年第2期，第38~39页。

〔3〕孙林："试析民事诉讼程序安定制度"，载《福建法学》2000年第3期，第25页。

〔4〕陈桂明、李仕春："程序安定论——以民事诉讼为对象的分析"，载《政法论坛》1999年第5期，第80~83页。

〔5〕［美］E. 博登海默：《法理学：法律哲学与法律方法》，邓正来译，中国政法大学出版社2004年版，第187页。

于被模糊化的状态。”[1]程序安定的具体化，不能仅仅考虑公共利益和法院的利益，还必须关注当事人的利益尤其是作为行政诉讼原告的行政相对人的利益。要有效地解决行政相对人与行政机关之间的矛盾和冲突，就必须注重对原告行政诉权的保护。如果淡化保护原告行政诉权的意识，就不可能从根本上消除原告对被诉行政行为的不满情绪，程序安定就只能是治标不治本，甚至还可能对社会公正产生极为严重的损害，从长远来看不利于社会的长治久安。

在我国的行政诉讼撤诉制度中，往往过分追求程序安定，而不太重视对行政相对人行政诉权的保护，主要表现为：一是撤诉率一直居高不下，法院对原告的撤诉申请几乎不加审查，原告不是出于自己真实的意思表示申请撤诉的现象十分常见，法院还尽最大力量协调而力争使行政案件以撤诉方式结案。在行政审判实践中，撤诉案件过多，撤诉率居高不下，其实质就是原告的行政诉权没有得到充分的保障。行政诉讼立法虽然规定了法院对原告撤诉申请的审查权，但法院基于程序安定的考虑，这种审查权往往被虚置，当事人只要提出撤诉申请，不论是否出于其真实的意思表示都裁定准许。二是我国现行行政诉讼的有关司法解释规定，撤诉以后，原告不得以同一事实和理由再次提起行政诉讼，又不能提起上诉。这样就剥夺了原告再次行使行政诉权的权利，使合法权益受到侵犯的原告被阻却在法院行政审判的大门之外。

---

〔1〕 杨会新：“当事人诉讼行为的意思表示瑕疵——基于程序安定与意思自治双重维度的考查”，载《法律科学（西北政法大学学报）》2017 年第 4 期，第 153 页。

## 二、司法体制和其他方面的原因

### （一）司法体制方面的原因

“司法体制是指各级司法机关的设置、组织、相互关系以及与其履行职责有关的人事、物质保障等制度。”[1]由于受到“强行政弱司法”的政治体制的影响，我国的司法体制在古代是司法与行政不分，影响深远。

从实际状况而言，在政治生活中法院的地位明显比行政机关要低。我国的法院存在一定的行政级别，与同级政府相比，法院的行政级别低半格。除专门法院外，我国的司法管辖区与行政管辖区是重合的，是按行政区域来确定法院的设置的。法院在政治生活中的实际地位以及法院机构设置的地方化，使得政府对法院工作有较大影响。

就法院的人事管理和法官的选任而言，依据《宪法》和有关法律的规定，法院院长、副院长、庭长、副庭长、审判委员会成员、审判员由本级人大或者人大常委会选举或者任免。虽然从法律上或者形式上法院的人事管理和法官的选任由本级人大或者人大常委会决定，但法院的人事管理和法官的选任在一定程度上也受制于政府。

就法院的经费管理和其他资源方面而言，长期以来法院与同级政府之间的联系十分紧密。与同级政府的工作部门一样，法院采取的也是地方经费包干制度，主要通过同级政府的财政供给来保障法院的经费，而且法院的物质装备、办公用房以及法官个人的社会保障、福利待遇等也基本上受制于同级政府。

有学者将我国长期以来实行的司法体制归纳为“机构设置

---

〔1〕郭成伟、宋英辉主编：《当代司法体制研究》，中国政法大学出版社2002年版，第129页。

的地方化，法官选任的地方化和经费来源的地方化”。[1]司法与行政密不可分，司法依附而不能独立于行政，体制上的司法地方化，使得法院应有的独立地位无法得到保证，法院根本无力履行对行政机关的监督职能，法院的司法权很难对行政机关的行政权形成有效的制约来保护行政相对人的合法权益，因为“就一般人类天性而言，对某人的生活有控制权，就等于对其意志有控制权”。[2]“一个处处受制于人的法院怎能充任监督者?”[3]在探讨司法体制改革的过程中，有学者从行政诉讼价值取向应实现与行政审判体制改革相契合的法治效果的视角，论述了司法地缘化对独立行使审判权的影响，认为司法地缘化的成因在于人事方面和财物方面；司法地缘化表现为机构设置地缘化、法官选任地缘化、经费来源地缘化、法律规范适用地缘化；司法地缘化使得行政审判存在法院不能真正做到依法独立审判、行政诉讼的规范性缺陷使司法难以做到对公民权利的真正保护以及法官执行力的不足难以支持裁判正义性的需求等问题；司法地缘化对行政审判的渗透表现为，行政审判权难以独立，司法权威性遭受侵蚀，司法公正有待加强；司法地缘化给行政诉讼设置了立案难、审判难、执行难及行政权力的扩张等方面的障碍。[4]

行政诉讼以行政机关为被告，不少的行政案件，作为被告的行政机关在行政级别上比审理案件的法院要高，或者掌握了

---

〔1〕 马怀德主编：《行政诉讼原理》(第2版)，法律出版社2009年版，第306~308页。

〔2〕［美］汉密尔顿、杰伊、麦迪逊：《联邦党人文集》，程逢如、在汉、舒逊译，商务印书馆1980年版，第396页。

〔3〕 何海波：《实质法治：寻求行政判决的合法性》，法律出版社2009年版，第72页。

〔4〕 孙山、易利娟：“司法地缘化对独立行使审判权之影响——行政诉讼价值取向应实现与行政审判体制改革相契合的法治效果”，载《天津法学》2013年第4期，第5~9页。

十分重要的行政权力，法院在行使行政审判权时，往往受到行政权的干预，不敢对被诉行政行为的合法性进行审查和判断。在行政机关可能败诉的情况下，法院更愿意充当中间人的角色，劝说行政机关对被诉行政行为作出某些改变，同时劝说原告撤诉，甚至与行政机关共同胁迫或者变相胁迫原告撤诉，以达到息事宁人的目的。在新的历史时期，行政纠纷处理难度加大，数量增加，以撤诉的方式来解决行政案件更加被法院大量适用。法院在行政案件的审理过程中，大多采用一种实用主义的裁判方法，以便既能使案件结案，又不得罪行政机关，力争达到双方都满意的裁判结果，以行政协调而由原告撤诉的方式就成了法官们的最佳选择。“当行政行为明显违法，而行政机关财大气粗，或者案件在当地具有全局性而引起领导关注的，情况尤其如此。”〔1〕我国的司法体制，使得法院对行政诉讼撤诉的审查权被虚置，非正常撤诉现象也就不足为奇了。

（二）其他方面的原因

1. 司法权的司法功能与司法行政化

如何界定司法权的功能，在学术界一直没有统一的认识，主要有一元论、二元论和三元论。一元论认为，司法权独有的功能在于，在解决纠纷与权利冲突的各种制度化方式中，通过法官对事实问题和法律问题的判断，对法运行中的障碍进行排除，以维护法的价值。〔2〕二元论有三种主张：一是认为一切法院制度都具有解决纠纷的直接功能和延伸性功能，延伸性功能包括控制功能、权力制约功能和公共政策的制定功能；〔3〕二是

〔1〕 何海波：《实质法治：寻求行政判决的合法性》，法律出版社2009年版，第7页。

〔2〕 孙万胜：《司法权的法理之维》，法律出版社2002年版，第32页。

〔3〕 左卫民：“法院制度功能之比较研究”，载《现代法学》2001年第1期，第39~45页。

认为司法功能包括纠纷解决的原初功能和衍生功能，衍生功能包括社会控制与政策推进、权力制约与权利保障、法律与规制创设；[1]三是认为司法的功能包括法律功能和社会功能。[2]三元论认为，现代法治国家中的法院应当具有解决纠纷、配置权力和维护法律的统一等三大功能。[3]

笔者认为，司法权的功能可以分为司法功能和政治功能。司法权的司法功能是指其解决纠纷的直接功能。对司法权的政治功能，学者们的认识存在差异。有学者认为，上述司法权功能二元论中的衍生功能就是司法权的政治功能。有学者认为，当代中国司法权的政治功能具有两个特征：一是在规约官员行为上具有行政化的司法控制特征；二是有限的司法审查。[4]主流的观点认为，司法权的政治功能是指司法工作要做到司法为民，服务于大局，要注重社会效果。有学者指出："司法政治功能的内涵要突出司法为民的内容……从对人民高度负责的立场上，通过一定的方式来解决审判中可能面临的困难，这就是一个大局观的问题，要考虑审判后可能造成的社会后果……"[5]从我国对司法权的态度来看，我国十分注重司法权的政治功能，而对司法权的司法功能不太重视。在这种背景之下，我们还提出了"能动司法"的概念，要求发挥司法的主观能动性，为经

---

〔1〕 蒋红珍、李学尧："论司法的原初与衍生功能"，载《法学论坛》2004年第2期，第92~98页。

〔2〕 孙笑侠："论司法多元功能的逻辑关系——兼论司法功能有限主义"，载《清华法学》2016年第6期，第12页。

〔3〕 姚莉："功能与结构：法院制度比较研究"，载《法商研究》2003年第2期，第119~126页。

〔4〕 程竹汝："论现代司法的政治制度化功能"，载《政治学研究》2002年第2期，第59~60页。

〔5〕 陈琦华："当代中国司法政治功能内涵及其价值"，载《政治与法律》2013年第1期，第77~78页。

济建设服务，积极主动地为党和国家工作大局服务。对“能动司法”，有各种各样的解释。依杨建军教授的归纳，大体上有以下九种，即全能的能动司法观；政治意义上的能动司法观；司法方法意义上的能动司法观；化解社会纠纷意义上的能动司法观；选择性的能动司法观；立法性的能动司法观；实质正义的能动司法观；被附会曲解的能动司法观；亲民意义上的能动司法观。〔1〕他还指出，中国能动司法理论的逻辑为：民族国家之间的激烈竞争是中国能动司法理论提出的目标背景；这一理论是法院的本质属性和“有中国特色社会主义”的司法属性的体现；司法是为实现政治目标服务的；转型时期，社会矛盾剧增，需要司法快速作出回应。有学者指出，对法院来说，能动司法制度建设的着力点是：一是建立健全公共政策转化机制，能动地依法服务大局；二是建立健全诉讼与非诉讼相衔接的矛盾纠纷解决机制，能动地化解社会矛盾；三是建立健全参与社会管理机制，能动地促进社会管理创新；四是建立健全民意沟通表达机制，能动地提升司法公信力；五是建立健全便民诉讼机制，能动地服务涉诉群众。〔2〕

有学者指出，“能动司法”为我们践行法治设置了诸多难解的谜题：一是能动司法过分强调社会效果有违法治的应有之义；二是过分强调能动司法直接挑战了立法机关的权威；三是以大局为重某种程度上已经使能动司法成了政治的玩偶；四是过分强调社会效果的能动司法已经撼动了法的内在价值。〔3〕有学者

---

〔1〕杨建军：“‘司法能动’在中国的展开”，载《法律科学（西北政法大学学报）》2010 年第 1 期，第 55~57 页。

〔2〕公丕祥：“当代中国能动司法的意义分析”，载《江苏社会科学》2010 年第 5 期，第 107~108 页。

〔3〕彭金冶、杜忠连：“社会转型期能动司法的法治意蕴”，载《黑龙江社会科学》2015 年第 2 期，第 123~124 页。

指出，“能动司法”可概括为提倡主动为社会服务、法官兼职和在裁判标准上的“弹性司法”，能动司法有违司法常识。[1]实际上，作为司法哲学的司法能动主义在西方已有200多年的发展历史，与我国的“能动司法”并不是相同的概念，例如，“美国司法能动主义的核心在于通过司法审查权涉入政治问题，扩展公民权利”，[2]与我国的“能动司法”并不具有相同的含义，且与我国能动司法的实践并没有什么关系。我国的“能动司法”不是学术话语而是政治话语。

与不太重视司法权的司法功能相伴随，我国司法行政化的现象较为突出。这一现象是我国司法建设与司法运行过程中长期存在而未解决的问题。所谓“司法行政化”主要是指法院体制行政化，“是指法院在整个构成和运作方面与行政机关在体制构成和运作方面有着基本相同的属性，是按行政体制的结构和运作模式建构和运行的”。[3]司法行政化主要表现为司法目的和价值的行政化、案件审判活动的行政化、上下级法院关系的行政化、司法人事制度和法院结构的行政化以及审判管理的行政化。有学者指出，司法行政化过度发展的危害主要体现在以下几个方面：一是不能坚守司法的目的和价值，有损“依法治国”方略的实施；二是以管理权干预审判，案件质量缺乏保证；三是行政程序叠床架屋，部分案件诉讼效率低下；四是司法权威难以建立，司法公信力有下降的趋势；五是一线法官素质不高，

[1] 周永坤：“能动司法有违司法常识”，载《北京日报》2017年2月27日。

[2] 赵琪：“浅谈司法能动主义与能动司法”，载《黑龙江省政法管理干部学院学报》2016年第4期，第6页。

[3] 张卫平：“论我国法院体制的非行政化——法院体制改革的一种基本思路”，载《法商研究》2000年第3期，第4页。

法院工作可持续发展堪忧。[1]

由于不太重视司法权的司法功能，司法行政化的现象较为突出，尤其是基于“能动司法”的要求，法院在行政案件的审理过程中，在政策与法律相冲突时往往倾向于政策，甚至无条件地服从行政解释来解释法律。不仅如此，在法院与行政机关之间，还存在一种天然的亲和力，在原告就行政机关的行政行为向法院提起行政诉讼时，有时法院并不关注行政诉讼立法关于保护公民、法人和其他组织合法诉讼权益目的的实现，而是和行政机关一起审原告，使行政相对人的公民权利受到司法权和行政权的共同压制；对于作为原告的行政相对人，有的法官存在排斥或者厌恶的心理，甚至将其视为刁民，往往以追求“社会效果”为名，不正当地限制原告的权利。

具体到行政诉讼撤诉制度中，随着《行政诉讼撤诉规定》的出台，因行政协调而撤诉似乎从“违法”走向了“合法”，从“隐蔽”走向了“公开”。“行政协调”并不是一个法律用语，并非法院的司法功能所固有，实际上属于司法权政治功能的范畴。在行政诉讼中，我国的司法政策大力倡导以行政协调而撤诉，过分强调了行政案件个案纠纷解决的有效性。在这种机制之下，法院为了彻底解决纠纷实现案结事了，力求个案当事人各方满意而达到息讼的目的，往往以维护公共利益和追求社会效果为名，千方百计地为行政机关实施的行政行为寻找依据和理由，以各种手段对原告施加压力，促使原告不得不申请撤诉。

2. 行政诉讼撤诉审查的监督机制

法院对行政案件的审理，属于司法权的行使。作为公权力

---

〔1〕 龙宗智、袁坚：“深化改革背景下对司法行政化的遏制”，载《法学研究》2014年第1期，第138~139页。

的司法权，可能出现权力失范的情形，需要受到监督。我国《宪法》虽然明确了检察机关是国家的法律监督机关，《行政诉讼法》也确立了检察监督的原则，但长期以来，检察机关的工作重心主要在于公诉职能的行使，行政诉讼监督权行使的效果十分不理想，对行政诉讼撤诉审查几乎不存在监督。有学者指出，检察机关“在撤诉裁定的有关问题上几乎找不到发挥监督的场域”。[1]总体而言，对行政诉讼的检察监督在制度上较为薄弱，因而对行政诉讼撤诉审查的检察监督也就无处着力。在司法实践中，法院对原告提出的撤诉申请基本上都不加审查而裁定准予撤诉。对这种准予撤诉的裁定，即使确有错误，检察机关也未依法行使法律监督权进行监督，致使法院撤诉申请审查权的滥用得不到有效的制约。

---

〔1〕 黄学贤：“行政诉讼撤诉若干问题探讨”，载《法学》2010 年第 10 期，第 46 页。

第三部分

# 行政诉讼撤诉制度改革的理论基础和基本原则研究

## 一、行政诉讼撤诉制度改革的理论基础

### （一）行政诉讼价值理论

#### 1. 行政诉讼价值理论的基本内容

“价值”最初只是经济学上的概念，到了19世纪，由于各种哲学流派和许多思想家的推动，“价值”的概念开始从经济学领域向哲学和社会科学的各个领域予以延伸。

价值是一个属性范畴和关系范畴，是指一定的客体对一定主体的有益和积极作用。法律也是一种价值客体，法律价值具体表现为法律评价、法律效果和法律目标等。由于法律部门调整社会关系的特殊性，不同的法律部门存在不同的法律价值。所谓行政诉讼的价值，是指行政诉讼制度和法院对行政案件审判权的行使，具有与行政诉讼当事人的需要相符合、相一致的性质。

由于不同国家的历史传统、政体及特定的国情并不一致，在行政诉讼价值追求上，各国的做法存在差异，主要有以下几种学说：一是控制行政权说。这种学说认为，控制行政权力是行政诉讼的主流价值。英国对行政行为的司法审查采用控制行政权说，与英国资产阶级革命的时代背景有关。在英国资产阶级革命前期的斯图亚特王朝时期，为了维护封建专制的王权和保护国王的利益，在全国设立了星法院来受理公法性质的诉讼。在英国资产阶级革命时期，星法院站在以国王为代表的旧势力一边，普通法院则与议会结盟。因此，英国资产阶级革命取得胜利后，将星法院予以废除，而由普通法院行使对行政机关的监督权，以控制行政机关的权力。此外，英国资产阶级革命深受洛克等人提出的“议会主权”理论的影响，确立的是议会民主政体，普通法院对行政行为的司法审查是依据议会制定的法律来进行的，“越权无效”是英国对行政行为实施司法审查最重要的原则。二是人权保障说。这种学说认为，行政诉讼的价值在于保障公民的生命权、自由权和财产权，即保障公民的人权。美国对行政行为的司法审查采用的就是人权保障说。虽然与英国一样，美国也是由普通法院实施对行政行为的司法审查，但美国行政诉讼的价值取向并不同于英国。美国对行政行为实施司法审查的理论基础是三权分立与制衡理论，不仅强调对行政权的“控权”，而且对不同国家权力之间的“分立”与“制衡”予以强调，核心的价值在于实现对公民人权的保障。三是保障行政权不受司法权干扰说。这种学说认为，行政诉讼是行政权的范畴而不属于司法权，避免司法权对行政权的干扰是行政诉讼的主流价值。在法国，行政诉讼采用保障行政权不受司法权干扰说，主要有两方面的原因。原因之一是对“三权分立”理论的理解。法国人认为，行政权和司法权应当相互独立，行政诉讼属于行政权作用的领域，并不具有司法权的性质，因此，行使司法权的普通法院无权管辖行政案件，否则，就是司法权对行政权的不当干涉。原因之二是有特定的历史渊源。在法国资产阶级革命前的旧君主时代，普通法院有权管辖行政案件，普通法院站在维护封建势力的立场，对当时国家采取的一些在客观上有利于资产阶级的措施尽力阻挠。因此，资产阶级在取得政权以后，对普通法院存在不信任的心理，禁止普通法院对行政行为行使司法审查权，由具有行政性质的行政法院来审理行政案件，实际上是建立了一种行政权的内部审查机制，从而对普通法院审查行政行为予以禁止，保障行政权不受司法权的干扰。四是效率价值说。这种学说认为，行政诉讼的价值所在是效率，行政诉讼不能对实现行政效率产生妨碍，行政诉讼的程序本身也要讲究效率。德国的行政诉讼基本上采用效率价值说。德国虽设有行政法院，但与法国不同，德国的行政法院是与行政权相分离的，属于德国的整个法院系统而不属于行政系统。但是，德国的行政诉讼也十分注重维护行政权，行政审判不能干扰和代替行政机关的政策裁量和价值选择，以确保行政效率为中心。德国行政诉讼本身也强调效率，程序较为迅速和简便，法官可以依法收集证据，以确保行政争议的及时解决。

在我国行政诉讼法学的研究过程中，对行政诉讼价值理论的探索并不深入，但学者们还是提出了以下几种不同的观点：一是法治价值论。这种观点认为，司法审查是司法机关对行政权力的合法性审查，实施法治原则是行政诉讼的价值所在。二是平衡论。这种观点认为，行政诉讼的确立，不仅要对公民权进行保护，而且要对行政权进行维护和监督。这种观点由罗豪才教授首创，认为行政法的基本理论是平衡论。三是兼顾价值论。不少学者持此观点，认为行政诉讼的价值既表现为控制行政权，又表现为保障行政权。四是和谐价值观。这种观点认为，以人为本、公平、正义、利益均衡是和谐理念对行政诉讼价值的要求。有学者进一步指出，重构我国行政诉讼价值观，以和谐理念为基点，主要应解决权利意识觉醒与践行法律、根除官本位以平衡行政机关与行政相对人的地位、权力制约权力以彰显司法监督的价值等三个问题。[1]五是复合价值观。这种观点认为，行政诉讼的价值由秩序、自由、效益、公正组成，其价值是多重的，其中秩序、自由、效益和公正分别居于第一位、第二位、第三位和第四位。刘善春博士是这种观点的主张者。[2]

依笔者看来，行政诉讼价值属于法律价值的范畴。在探索行政诉讼的价值时，既要注重行政诉讼价值的特殊性，又要从法律价值构成的一般原理出发，否则，就无法找到正确的答案。

法律价值的构成分为内在价值和外在价值，行政诉讼的价值也不例外。我们应当从这两个方面来寻找行政诉讼的价值所在。

内在价值，指的是某一事物实现某一内在目的的必要或者充分的手段。根据诉讼价值的一般要求，程序自由、程序公正、程序效益是行政诉讼内在价值的具体形态。程序自由，是法律上的自由价值在诉讼程序中的具体表现。行政诉讼的程序自由价值主要表现为：首先，对行政诉讼程序，当事人能够自由地进行选择、支配、判断和接受。也就是说，行政诉讼程序虽然可以在一定程度上限制当事人的行动自由和意志自由，但必须为当事人规定诉讼行为选择的自由度。其次，法院的行政审判权不能压制和贬损当事人的诉权。对行政诉讼当事人而言，要保障程序自由价值的实现，就必须建立起当事人的行政诉权对法院的行政审判权的制约机制。就程序公正价值而言，程序公正不仅是诉讼法的立法之本，而且经过逐步的发展，已经成了具有人权特性的一种程序保障机制。"公众们之所以把程序公正作为一个重要的方面来看待，不仅仅是因为它可以使公众对依

〔1〕 陈新："论和谐社会理念下行政诉讼价值之重构"，载《内蒙古农业大学学报（社会科学版）》2008年第3期，第175~177页。

〔2〕 刘善春："行政诉讼价值论"，载陈光中、江伟主编：《诉讼法论丛》（第2卷），法律出版社1998年版，第753~756页。

靠政府权力而作出的决定持有积极配合的态度；同时，也可以增进他们对自身法律体验的满意度，从而，最终决定他们对法律的遵从和对社会权威合法性的评判。通过公正程序，国家的活动在许多情况下都会变得让公众易于理解和接受。"〔1〕但是，对如何界定程序公正的基本标准，我国学者存在六要素说、五要素说、四要素说、三要素说和二要素说等不同观点。六要素说认为，现代法治社会对程序公正的要求为程序的民主性、控权性、平等性、公开性、科学性和文明性。〔2〕五要素说认为，程序公正的标准和要素，由法官的中立性、程序规则的科学性、诉讼程序的透明性、当事人双方的平等性、诉讼程序的制约与监督性所共同构成。〔3〕四要素说认为，当事人地位平等、权利义务相当、排除恣意专断、程序合理是判断程序公正与否的标准。〔4〕三要素说认为，冲突事实的真实回复、执法者的立场、对冲突主体合法愿望的尊重，决定了程序公正的实现。〔5〕二要素说认为，诉讼程序能否准确、及时和恰当地实现实体权利、诉讼程序能否彻底地解决冲突，是程序公正的判断标准。〔6〕从行政诉讼的角度观之，依笔者的认识，程序公正的基本标准为当事人地位平等、法官中立、程序公开和程序参与。争议双方

---

〔1〕杨寅：《中国行政程序法治化——法理学与法文化的分析》，中国政法大学出版社2001年版，第73页。

〔2〕孙笑侠："两种程序法类型的纵向比较——兼论程序公正的要义"，载《法学》1992年第8期，第5~9页。

〔3〕陈桂明：《诉讼公正与程序保障：民事诉讼程序之优化》，中国法制出版社1996年版，第12~15页。

〔4〕张令杰："程序法的几个基本问题"，载《法学研究》1994年第5期，第30~37页。

〔5〕顾培东：《社会冲突与诉讼机制》（修订版），法律出版社2004年版，第75页。

〔6〕郭伟林："论民事诉讼程序的公正性"，载《南京大学法律评论》1994年创刊号，第138页。

地位的平等，是公正审判的先决条件。行政诉讼的原告和被告在行政实体法律关系中和实际状态上处于不平等的地位，在行政诉讼过程中要对这种双方不平等地位的状况予以矫正，真正实现双方在诉讼地位上的平等。中立性是现代程序的基本原则，如果法官不处于中立地位，程序公正就无从谈起。在行政诉讼中，如果法官与行政机关“官官相护”，行政诉讼的程序公正就无法实现。长期以来，程序公正的基本标准和要求被视为是程序公开，程序公开也是司法民主的重要尺度，因为“正义不仅要伸张，而且必须眼见着被伸张，没有公开就无所谓正义”。〔1〕让当事人有机会充分地参与程序，当事人才能更为容易地接受审判的结果，审判结果的正当性才能得到保证。在程序效益价值中，程序效益指的是诉讼的投入与产出之比。诉讼的投入，是指诉讼的成本，包括直接和间接两个部分。诉讼的直接成本，包括证据收集费用、代理成本、诉讼费和其他费用；诉讼的间接成本，包括参加诉讼的机会成本和伦理成本、败诉的风险成本、“潜规则”下的关系成本、诉讼的后续成本。〔2〕诉讼的产出，主要是指司法裁决的经济性，对当事人而言，就是指预期不利益的避免或者预期利益的实现。依程序效益价值的要求，一方面要坚持诉讼终局原则、诉讼经济原则和诉讼及时原则，降低当事人在诉讼中的费用开支，尽可能地减少诉讼的投入；另一方面要注重司法裁决本身的经济收益。

外在价值，指的是某一事物是实现某一外在目的的必要或者充分的手段。根据诉讼价值的一般要求，行政诉讼的外在价

〔1〕［美］伯尔曼：《法律与宗教》，梁治平译，中国政法大学出版社 2003 年版，第 48 页。

〔2〕谭剑：“非正常撤诉与法律规避”，载《中南民族大学学报（人文社会科学版）》2010 年第 1 期，第 137~138 页。

值包括实体公正价值和秩序价值。实体公正价值有两方面的内容：一是一般的实体公正；二是个别的实体公正。所谓一般的实体公正，是指对人们的实体权利义务，立法者通过立法活动来公正地进行分配。从严格意义上来讲，一般的实体公正，应当属于相关的实体法所研究的内容，不宜将其纳入诉讼价值的范畴来讨论。因此，诉讼价值中的实体公正主要指的是个别的实体公正。所谓个别的实体公正，是指行使司法权的审判机关，根据一般实体公正的要求，通过在诉讼活动中审判权的行使，实现裁判结果的公正性。法律秩序在诉讼过程中的具体体现，就是诉讼的秩序价值。法律秩序主要有主体的合理定位、优势结构以及有规则的、合乎一定规律的运动状态等三层含义。与其他诉讼一样，行政诉讼的秩序价值是通过疏导使当事人双方的矛盾得到化解，从而保持社会的和平与稳定。

根据法律价值构成的一般原理来分析行政诉讼的价值，程序自由、程序公正和程序效益为行政诉讼的内在价值；实体公正价值和秩序价值为行政诉讼的外在价值。因此，刘善春博士所主张的复合价值观，认为行政诉讼价值由秩序、效益、公正、自由所构成，是符合法律价值构成的一般原理的。但是，他所主张的“秩序第一，自由第二，效益第三，公正第四”的主张并不可取。行政诉讼存在多层次的价值，同一层次的价值目标也具有多元性，这些不同的价值目标都是行政诉讼当事人所追求的。行政诉讼的不同价值之间存在冲突是不可避免的，但如果按照一定的顺序进行排列，不仅不利于行政诉讼价值整体目标的实现，而且也忽视了行政诉讼不同价值之间的内在联系，在司法实践中还可能产生负面的效应。正确的做法是，应当对行政诉讼不同价值之间存在的冲突进行协调，追求行政诉讼不同价值之间的平衡，而不能顾此失彼。

在行政诉讼中，不同诉讼价值之间的冲突与协调主要表现为以下几个方面：一是秩序价值与程序自由价值的冲突与协调。秩序价值强调保持社会的和平与安定，程序自由价值强调尊重当事人的行为自由和意志自由，两者可能形成冲突。协调两者冲突的原则是，一方面程序自由不能突破法定的秩序；另一方面，追求秩序价值应以最大限度地保障程序自由价值为前提。二是程序公正与程序效益的冲突与协调。坚守程序公正可能降低程序效益，注重程序效益在一定程度上可能影响程序公正的实现。从世界范围来看，一般说来，大陆法系的行政诉讼制度，因注重行政权而以程序效益价值为中心；英美法系对行政行为的司法审查，因注重保障人权和控制行政权而以程序公正为中心。在我国，对程序公正与程序效益的冲突如何进行协调，学者们存在意见的分歧。有的认为，行政诉讼首要的价值目标是程序公正，程序公正是较高层次的价值，追求程序效益并不能对程序公正目标予以舍弃；有的认为应实行程序效益至上，程序公正只能退居其次。事实上，对程序公正和程序效益这两种价值不能进行绝对化的选择，应当从两者和谐共存、相互一致的关系中来协调。章武生教授提出的“程序公正为基础，程序效益为关键”的主张是可取的。[1]就诉讼程序的整体性而言，程序公正始终是一个根本性的目标，是诉讼程序真正永恒的生命基础，始终处于基础性的地位。但是，追求程序公正价值不能不顾程序效益，在确保程序公正价值实现的前提下，应尽力追求程序效益价值的目标。需要指出的是，与刑事诉讼、民事诉讼相比较，行政诉讼应当更加注重程序效益价值的实现。理由在于：首先，如果不注重程序效益价值，行政诉讼将面临自

---

〔1〕 章武生等：《司法现代化与民事诉讼制度的建构》，法律出版社2000年版，第101页。

我架空的危险，因为如果不及时解决公权和私权之间的争议，将会对社会大局的稳定产生影响；其次，“效率优先，兼顾公平”是行政关系所奉行的原则，行政诉讼对此必须作出一定程度上的回应。三是程序公正与实体公正的冲突与协调。在理论上对程序公正与实体公正的关系如何进行协调存在“绝对工具论”与“程序至上说”的对立。“绝对工具论”认为，离开了实体法，程序法的存在就没有什么意义，就程序本身而言，它并没有独立的存在价值，程序法只是保障实体法实施的工具，因此，能否对实体公正予以保证是衡量程序是否公正的唯一标准。“程序至上说”认为，法律的核心是程序，没有程序就不存在法律，公正的诉讼程序是正义的法律最重要的体现。因此，只能从程序保障的有无来对待实体权利。很明显，上述两种学说都过于偏激，我们不能为程序公正和实体公正设定一种不变的价值等级，不能强调何者居于绝对的优势地位，而是应当以程序公正为基础，对实体公正最大限度地予以实现。实体公正的前提是程序公正，如果舍弃程序公正，就无法对实体公正提供保障，并且程序公正的判断标准是较为绝对的和明确的。程序公正的目标在于实现实体公正，如果没有实体公正，程序公正的意义也就不存在了，但实体公正的判断标准是相对的，实体公正目标实现的程度是有限的。需要指出的是，我国由于受到“重实体轻程序”的观念影响较大，尤其要注重程序公正的理念，使诉讼程序的权威能够得到真正的树立。就行政诉讼而言，应当以程序公正为核心，以实体公正为补充。理由在于：首先，这是由行政审判权的有限性所决定的。在行政诉讼中，基于审判权的来源和审判权与行政权之间的关系，法院不像在刑事诉讼和民事诉讼中那样具有完整的审判职能，应当在法律规定的范围内在一定程度上尊重行政机关就被诉行政行为实体公正判断的意见。其次，被诉行政行为的合法性是行政诉讼中法院审查的重心，既包括行政行为内容的合法性，也包括行政行为程序的合法性，对行政行为程序合法性的审查，法院可以作出权威性的判断。四是程序效益与实体公正的冲突与协调。过分强调程序效益，有可能影响实体公正价值的实现；过分追求实体公正，可能导致诉讼的拖延而不利于程序效益价值的实现。因此，追求程序效益的价值，不能对实体公正的价值予以牺牲，对实体公正的追求也不能置程序效益而不顾。在诉讼程序的设计上，应当充分考虑实体公正的要求，在法律规定的正当程序允许的范围内，尽可能使程序效益的价值得到实现。五是实体公正价值中保障人权与维护公共利益的冲突与协调。在行政诉讼中，原告和被告对于实体公正的价值取向是不同的。作为原告的行政相对人，希望实现人权保障的价值；作为被告的行政机关，则希望实现维护公共利益的价值。在大陆法系，因对公权力有效行使的保障予以注重，因而行政诉讼的第一要旨是维护公共利益；在英美法系，由于对行政权的制衡和控制予以注重，对公民个人的自由和权利不受侵犯予以强调，因而对行政行为进行司法审查的要旨是保障人权。从我国行政诉讼立法来看，强调对公民、法人和其他组织合法权益的保护，但行政诉讼制度的实际运行也十分注重对公共利益的维护。我国的传统文化缺乏对个人权利的关怀，我国的现状是人权保障水平远没有达到理想的高度，因此，我国现阶段应当在保障人权的基础上来维护公共利益，维护公共利益不能以牺牲人权保障为代价。

2. 行政诉讼价值理论在行政诉讼撤诉制度中的体现

行政诉讼中的撤诉，是原告基于自己真实的意思表示，撤回已经向法院提起的行政诉讼。在被告已经应诉答辩的情况下，原告的撤诉申请还需征得被告的同意。由此可见，行政诉讼撤诉制度充分尊重了当事人的意志自由和行为自由，体现了行政诉讼的程序自由价值。

行政诉讼的程序公正价值在行政诉讼撤诉制度上的体现，主要有以下几个方面：第一个方面是法院依法处于中立地位，负责审查撤诉申请的法官应当中立无偏，依程序公正的要求受理和审查行政诉讼撤诉申请，以确保行政诉讼撤诉制度的有序运行。基于司法权的被动性和消极性，法院必须坚持“不告不理”的原则，务必由原告主动提出撤诉申请，法院不能动员原告申请撤诉，更不能强迫或者变相强迫原告申请撤诉。法院审查撤诉申请，不是对整个行政案件的审理，不能对被诉行政行为进行审查，也不能对被告改变后的行政行为进行审查，法院审查的范围不能超过当事人提出撤诉申请的范围。在审查撤诉申请的过程中，法院应当遵循法定的期限、步骤和方式，在作出是否准许撤诉的裁定之前，不仅要让当事人有发表意见的机会，而且还应当让当事人知晓自己的处境。如果当事人的撤诉申请不符合法定条件，法院应当作出不准许撤诉的裁定，并应当向当事人说明理由。在当事人提出的撤诉申请符合法定条件时，法院就应当尊重当事人处分权的行使，裁定准许撤诉，以结束诉讼程序。行政诉讼撤诉程序的公正运行，不仅有利于实现当事人的程序权利，而且有利于解决行政纠纷。第二个方面是应对原告的合法权益予以侧重保护。行政纠纷的存在是行政诉讼形成的前提。行政诉讼程序的启动者是原告，在第一审行政诉讼程序中，行使撤回起诉权利的也是原告。从形式上看，在行政诉讼撤诉制度中对原告和被告双方平等地进行对待是行政诉讼程序公正价值的要求，但是，由于作为被告的行政机关拥有行政管理职权，事实上处于优势地位，作为原告的行政相对人处于被管理和服从的地位，没有与行政机关相抗衡的实力。《行政诉讼法》虽然规定了原、被告双方诉讼法律地位平等的原则，但双方之间实力对比悬殊，要实现真正意义上的平等并非易事。只有侧重对原告合法权益的保护，才有可能实现行政诉讼程序公正价值的要求，在实际上实现原、被告双方诉讼法律地位的平等。为了实现原、被告双方诉讼法律地位的平等，首先要对被告的有关行为予以控制。在行政诉讼撤诉制度运行的过程中，作为被告的行政机关或者与其存在某种关系的其他公权力机关，有时利用自己的优势地位和实力向原告实施恐吓、胁迫等行为，迫使原告提出撤诉申请，从而损害了原告提出撤诉申请的自主性。因此，法院在审查原告的撤诉申请时，要重点审查撤诉申请是否出于原告真实的意思表示，是否存在外界的压力，作为被告的行政机关或者与其存在某种关系的公权力机关是否强迫或者变相强迫原告提出撤诉申请。如果原告提出的撤诉申请并非出于自己真实的意思表示，而是基于外界的压力，如存在作为被告的行政机关或者与其存在某种关系的公权力机关强迫或者变相强迫原告提出撤诉申请的情形，法院应当依法裁定不准许撤诉，同时还应当对向原告施加压力的行政机关或者其他公权力机关依法采取强制措施，加大对强迫或者变相强迫原告提出撤诉申请和对原告打击报复行为的处罚力度。其次，应当对法院的权力予以制约。在行政诉讼撤诉程序中，制约法院的权力，主要通过允许原告自由处置自己的诉讼权利，从而划定法院审判权不能自由进入的空间。在行政诉讼撤诉制度的设计上，应当具体规范法院对原告撤诉申请进行审查的内容和程序，从而达到制约法院权力的效果。第三个方面是不能完全忽视对被告利益的关注。在行政诉讼中，包括在行政诉讼撤诉制度中，侧重对原告合法权益的保护是具有正当性的，但也不能对被告的利益完全不予关注，否则，也不符合行政诉讼程序公正价值的要求。在行政诉讼撤诉制度中，如果被告进行了应诉答辩，意味着其耗费了一定的诉讼成本，并且对行政诉讼的结果还可能有利益的期待。因此，行政诉讼撤诉制度，也应当对被告的有关利益予以关注，否则，不仅不符合行政诉讼当事人诉讼法律地位平等的原则，也背离了行政诉讼程序公正价值的要求。

在行政诉讼撤诉制度中，涉及行政诉讼程序效益价值的主要有以下几个方面：其一，原告认为胜诉无望，出于自己真实意思表示申请撤诉，可以降低原告的诉讼成本，节约司法资源，本身就与行政诉讼程序效益的价值要求相吻合。行政诉讼程序与其他诉讼程序一样，都需要较高诉讼成本的支付。在行政诉讼中，赋予原告申请撤诉的权利，不需要通过行政诉讼程序予以救济的原告就能够及时从行政诉讼程序中退出，有利于大幅度地降低原告的诉讼成本。行政诉讼撤诉制度的设立，有利于解决法院审判任务的繁重与有限司法资源的矛盾，为那些不需要进行司法救济的原告提供了一个退出行政诉讼程序的机会，为行政诉讼程序设置了一个出口。行政诉讼撤诉制度，能使行政诉讼程序归于消灭，可以合理地利用有限的司法资源。其二，行政诉讼撤诉制度的运行，要符合行政诉讼程序效益价值的要求。原告申请撤诉权的行使、被告合意权的行使以及法院裁决权的行使，都必须有明确的期限要求，以防止行政诉讼撤诉程序的拖延。其三，要尽力避免原告因程序效益的考虑而申请撤诉，否则不利于保护原告的合法权益。有的案件，原告本可胜诉，但基于案件审结期限较长或者法院不遵守审限的规定致使案件审理周期较长，法院即使判决原告胜诉也可能并无多大价值，并且担心法院对行政机关执行力度较小可能使判决成为一纸空文，原告不得不申请撤诉。

在行政诉讼的外在价值中，实体公正价值在行政诉讼撤诉制度中的体现并不明显，因为原告提出撤诉申请，是要求将已经提起的行政案件予以撤回，法院不对行政案件进行实体审理。但是，行政诉讼撤诉制度体现了行政诉讼外在价值中的秩序价值。法院裁定准许撤诉，行政诉讼程序终止，当事人之间的行政争议从形式上而言已经从行政诉讼程序中退出，这无疑与行政诉讼秩序价值所追求的和平与安定是相符合的。

需要指出的是，在行政诉讼撤诉制度中，同样会存在行政诉讼不同价值之间的冲突，应当依据行政诉讼不同价值之间冲突与协调的一般原则来予以处理。

### （二）行政诉讼目的理论

#### 1. 行政诉讼目的理论的基本内容

“所谓目的，并不指某种客观的趋势、自然的指向，不是那种由自然的原因所引起的自然的结果，而是那种通过意识、观念的中介被自觉地意识到了的活动或者行为所指向的对象和结果。”〔1〕在法学中，目的这一概念具有特别的功能，目的性是法律的实质。法的目的不仅在不同的政体、国体中和不同的时代存在区别，而且不同的法律制度在目的上也存在差异性。

就诉讼法律制度而言，诉讼目的是对诉讼结果的一种预先设定。关于诉讼目的，存在纠纷解决说、程序保障说、权利保障说和维护法律秩序说的分歧。诉讼分为刑事诉讼、民事诉讼和行政诉讼三种类型，虽然诉讼目的具有共通性，但不同诉讼形式的诉讼目的也具有自己的个性。有学者在论述三大诉讼目的的区别时指出：“刑事诉讼以实行公法上之刑罚权、维护国家秩序为

---

〔1〕 夏甄陶：《关于目的的哲学》，上海人民出版社1982年版，第227页。

目的；民事诉讼以实行私法上之请求保护私权为目的，以维护国家秩序次之；行政诉讼以裁决行政作用合法与否为目的。”〔1〕

一般认为，行政诉讼目的是以观念形式表达的国家进行行政诉讼所期望达到的目标，是统治阶级按照自己的需要和基于对行政诉讼及其对象固有属性的认识预设的关于行政诉讼结果的理想模式。〔2〕

行政诉讼的目的在不同的法系以及不同的国家和地区并不完全相同。法国在行政诉讼制度建立之初，侧重于维护和促进行政职能的实现是行政诉讼的目的所在。由于公权力的扩张，近代“法国行政诉讼的主要目的在于监督行政机关的活动，保证行政机关的活动符合法律”。〔3〕但是，这并不表明法国的行政诉讼不注重对公民权利的保护。在德国，为公民提供无漏洞的和有效的司法保护是行政诉讼的主要目的。在给予公民无漏洞的和有效的司法保护的目的之下，同样在事实上具有对行政权进行监督的重要功能，同时也兼顾对社会公共利益的维护。在我国台湾地区，规定了行政诉讼的目的为保护人民利益、确保行政权之合法行使和增进司法功能，在理论界主要有“适法性控制（维持）说”和“权利保障说”之争。在英国和美国，监督和控制行政权力是英国行政诉讼的主要目的，美国行政诉讼的目的则着重于对公民权利予以保障。但是，自20世纪中后期以来，由于行政积极功能的扩张，英美国家的行政诉讼也对促进行政的良好运作予以关注，以期在法治之下为社会和公民谋求更大的福祉。在日本，明治时代行政诉讼制度建立之初，将

〔1〕 郑孝颖：《刑事诉讼法要义（解表）》，五南图书出版公司1981年版，第2~3页。

〔2〕 马怀德主编：《行政诉讼原理》（第2版），法律出版社2009年版，第65页。

〔3〕［印］M. P. 赛夫：《德国行政法》，周伟译，五南图书出版公司1991年版，第255页。

行政权从司法权的拘束中解放出来是其主要的目的，注重维护行政权的独立性和特权，具有较为强烈的行政权自我控制手段的色彩。随着日本行政诉讼制度的发展，维护与监督并重已逐步演变为行政诉讼的目的。

关于行政诉讼的目的，我国法学界进行了较为广泛和深入的讨论，并存在一元论、二元论、三元论和多元论等学说。

行政诉讼目的的一元论，主要有以下学说：一是合法权益保护说，认为行政诉讼的唯一目的是保护公民、法人或者其他组织的合法权益。有学者指出，公民本位是我国行政诉讼的目的。〔1〕有学者认为，在行政诉讼的目的上，应确立行政诉讼的唯一目的是保障行政相对人的合法权益，要落实人权保障，将维护和监督行政机关依法行使行政职权的观点予以抛弃。〔2〕二是监督行政说，认为只有监督行政机关依法行使职权才是行政诉讼的目的。有学者认为，保护公民、法人或者其他组织的合法权益并不是行政诉讼特有的目的追求，可以视为监督行政机关依法行政这一目的的结果。〔3〕还有学者具体分析了行政审判权对行政职权的“刚性监督”与“柔性监督”。〔4〕三是维护行政说，认为行政诉讼是从司法上对行政执法进行保障，支持和维护行政机关行使职权是行政诉讼的目的所在。〔5〕四是形式真

〔1〕 崔卓兰：“公民本位：我国行政诉讼法的目的”，载《法学》1989年第3期，第5~7页。

〔2〕 董茂云、唐建强：“论行政诉讼中的人权保障”，载《复旦学报（社会科学版）》2005年第1期，第95~101页。

〔3〕 林莉红：“我国行政诉讼法学的研究现状及其发展趋势”，载《法学评论》1998年第3期，第5~24页。

〔4〕 寇学军：“关于行政审判对行政职权的‘柔性’监督与‘刚性’监督的思考”，载《行政与法》2008年第7期，第57~58页。

〔5〕 张尚鷟主编：《走出低谷的中国行政法学——中国行政法学综述与评价》，中国政法大学出版社1991年版，第387~388页。

实说，认为行政诉讼不考虑客观真实，不审查自由裁量行政行为，不审查法律公正，而只对羁束行政行为进行审查，只对事实公正进行审理，只对法律条文予以注重，因此，行政诉讼的目的为追求形式真实。〔1〕五是纠纷解决说。有学者指出，行政审判的主要目标是解决行政争议。〔2〕另有学者指出，解决有关行政权的合法性的纷争是行政案件的诉讼目的。〔3〕六是依法行政说，认为之所以将依法行政概括为行政诉讼的目的，是因为它既体现了立法者的用意，又符合利用者的需要。〔4〕七是公权正义说，认为行政诉讼的目的在于保障国家公权正义的实现。〔5〕

行政诉讼目的的二元论，主要有以下学说：一是认为行政诉讼的目的在于保护公民、法人和其他组织的合法权益以及保障行政机关依法行使职权。〔6〕二是认为行政诉讼的目的是保护公民、法人和其他组织的合法权益以及监督行政机关依法行使行政职权，保护公民、法人和其他组织的合法权益是首要的目的。〔7〕三是认为维护公共利益和保护行政相对人的合法权益是行

〔1〕 吕利秋："行政诉讼目的——形式真实"，载《行政法学研究》1994年第1期，第89~91页。

〔2〕 宋炉安："解决争议：行政审判的主要目标"，载《法制日报》2007年4月5日。

〔3〕 杨建顺：《日本行政法通论》，中国法制出版社1998年版，第707页。

〔4〕 胡肖华：《行政诉讼基本理论问题研究》，湖南人民出版社1999年版，第31~34页。

〔5〕 徐永平："公权正义与行政诉讼目的初探"，载《理论研究》2007年第2期，第35~39页。

〔6〕 张树义：《冲突与选择——行政诉讼的理论与实践》，时事出版社1992年版，第13页。

〔7〕 向忠诚："行政诉讼目的研究"，载《河北法学》2004年第12期，第74~77页。

政诉讼的目的。[1]

行政诉讼目的的三元论，主要有以下学说：一是认为保证法院正确及时审理行政案件，保护公民、法人和其他组织的合法权益以及监督行政权力是行政诉讼的目的。[2]二是认为保护公民、法人和其他组织的合法权益，监督行政机关依法行政以及保护或者维护公共利益是行政诉讼的目的。[3]三是认为解决行政纠纷、监督行政权力和保护行政相对人的合法权益是行政诉讼的目的。[4]四是认为解决行政争议、维护公共利益和保护人权是行政诉讼的目的。[5]五是认为行政诉讼的基本目的是保护公法人和其他组织的合法权益以及控制行政权力的行使；根本目的是为了维护法律秩序、实现社会的公平正义；终极目的是实现人的彻底解放。[6]六是认为行政诉讼的目的为，保障公民权益，实现对公民的救济；为政府的合法行为提供正当性支持；解决纠纷，维护法制的统一和国家的整体利益以及推行和确保行政法治。[7]七是认为维护公民等一方当事人的合法权益，

---

〔1〕 刘运毛："对我国行政诉讼目的的检讨与反思"，载《杭州商学院学报》2002年第2期，第13~19页。

〔2〕 朱汉卿："是'监督'，还是'维护和监督'——行政诉讼法立法宗旨浅析"，载《广西政法管理干部学院学报》2003年第6期，第43~45页。

〔3〕 杨解君等：《行政法与行政诉讼法》，清华大学出版社2009年版，第54~55页。

〔4〕 胡卫列："行政诉讼目的论"，中国政法大学2003年博士学位论文，第80~83页。

〔5〕 杨世建："行政诉讼目的新论"，载《云南大学学报（法学版）》，2010年第6期，第32~35页。

〔6〕 范培根："行政诉讼的目的初探"，载《上海政法学院学报（法治论丛）》2001年第5期，第29~31页。

〔7〕 薛刚凌：《行政诉权研究》，华文出版社1999年版，第29~31页。

维护合法的行政行为和提高行政效力为行政诉讼的目的。[1]八是认为行政相对人实体权利保障，公共利益保障和行政相对人的程序利益保障为行政诉讼的目的。[2]

行政诉讼目的的多元论，主要有以下学说：一是认为程序正义、利益均衡、促进合作和道德成本最低化为行政诉讼的目的。[3]二是认为解决纠纷、保障公民权益、维护公共利益以及维护、监督行政机关依法行使行政职权这四个要素为行政诉讼的目的。[4]

法学界对行政诉讼目的的上述探讨，对行政诉讼目的在立法上的发展起到了推动的作用。1989 年《行政诉讼法》将行政诉讼的目的确定为，保障法院正确、及时审理行政案件；维护与监督行政机关依法行使行政职权；保护公民、法人和其他组织的合法权益；2014 年 11 月 1 日，第十二届全国人民代表大会常务委员会第十一次会议通过了《关于修改〈中华人民共和国行政诉讼法〉的决定》，对行政诉讼的目的作了如下几个方面的修改：其一，将“保证人民法院正确、及时审理行政案件”修改为“保证人民法院公正、及时审理行政案件”。之所以将“正确”改为“公正”有以下几方面的理由：一是“正确”是与“错误”相对应的，是日常生活中的用语或者是政治语言，没有对司法活动的规律予以反映，容易理解为“客观真实”，不符合十八届四中全会提出的“全面贯彻证据裁判规则”的要求。“公正”则是“法律语言”，包括司法裁判的实体公正和诉讼程序的

---

〔1〕 陈安明、沙奇志：《中国行政法学》，中国法制出版社 1992 年版，第 391~392 页。

〔2〕 刘红玉、王晖：“论行政诉讼的目的”，载《湘潭师范学院学报（社会科学版）》2006 年第 6 期，第 21~23 页。

〔3〕 胡肖华：“行政诉讼目的论”，载《中国法学》2001 年第 6 期，第 50~55 页。

〔4〕 胡卫列：“行政诉讼目的论”，中国政法大学 2003 年博士学位论文，第 62 页。

公正。二是“正确”不能对司法工作的要求予以准确概括，人民群众对司法工作的核心要求是“公正”，民众信赖法律的关键是司法公正。我国目前司法制度最需要加以解决的问题是司法公正，明确“公正”作为目的，对树立和强调司法公正的理念是有利的。三是公正和效率是诉讼制度最基本的价值追求，将“保证人民法院公正、及时审理行政案件”作为行政诉讼的目的，实际上是诉讼价值在行政诉讼目的上的体现。在十八届四中全会的决议中也明确提出了“公正是法治的生命线，司法公正对社会公正具有重要的引领作用”。其二，增加“解决行政争议”作为行政诉讼的目的。之所以增加这一目的，有以下几方面的理由：一是从实践中的情况来看，行政诉讼在化解行政争议方面的作用并没有得到有效的发挥。二是如果不确立解决行政争议作为行政诉讼的目的，行政审判就可能因“程序空转”而流于形式，不能案结事了，也无法实现行政诉讼保护行政相对人合法权益和监督行政机关依法行使职权的目的。三是构建和谐社会对行政诉讼应当具有解决行政争议的基本功能提出了要求，将行政诉讼的目的确定为解决行政争议，是正确认识行政诉讼的性质和任务的结果，同时也为扩大行政诉讼调解的适用范围提供了立法目的上的依据。四是从域外的规定来看，解决行政争议是行政诉讼的根本宗旨，并且行政诉讼的目的确定为解决行政争议，为构建行政诉讼类型制度留有充分的空间，也有利于对行政复议案件进行监督。其三，将“维护与监督行政机关依法行使行政职权”修改为“监督行政机关依法行使职权”。将“行政职权”修改为“职权”的理由在于，行政机关行使职权的方式是多样的，不仅包括以作出行政行为的方式行使职权，还包括以不作为的方式以及制定抽象行政行为的方式行使职权，修改为“职权”更为全面，体现了行政诉讼对行政机关行使职权的全面监督。将“维护与监督”修改为“监督”，“维护”不再作为行政诉讼的目的，有以下几方面的理由：一是行政机关在行政实体法律关系中处于强势的地位，行政行为在作出后就具有公定力等法律效力，不需要法院的维护。行政机关的力量本已很大，如果行政诉讼再维护行政机关行使职权，就会使行政机关与行政相对人之间的不平衡性更加扩大。合法行政行为的效力，是其固有的效力，不是基于法院的裁判，无需通过司法程序予以维护。二是司法权与行政权之间存在监督与被监督的关系。行政诉讼主要是对行政机关行使职权的一种司法监督，如果行政诉讼的目的包括维护行政机关依法行使行政职权，就不符合司法权的性质，模糊了法院的司法功能，实际上是就司法权对行政权的依附和从属地位予以认可，这也是民众不信任司法而愿意信访的主要原因。如果行政诉讼的目的包括维护行政机关依法行使行政职权，还可能恶化行政审判的司法环境，不利于行政审判权的良性运行，也不利于对公民、法人和其他组织合法权益的保护。三是行政权具有天然的扩张性，在行政诉讼中突出监督行政机关的功能，是现实情况的需要。

虽然《行政诉讼法》有所修改，但是学术界对行政诉讼目的的探讨并未停止。有学者认为，行政诉讼的目的不能包括保证法院公正、及时审理行政案件，解决纠纷只是当事人诉讼的目的而已，不同的行政诉讼的类型有不同的行政诉讼目的，客观抗告诉讼的目的是监督行政机关依法行使职权，主观的抗告诉讼的目的是保护公民、法人和其他组织的合法权益，由于我国行政诉讼的类型是以客观的抗告诉讼为例外而以主观的抗告诉讼为核心，因此，我国行政诉讼的目的应以监督行政为辅，以权利救济为主。[1]上述认识具有一定的学术价值。依笔者看来，虽然“行政诉讼类型化是20世纪以来各国行政诉讼制度的发展趋势”，[2]但行政诉讼类型化是一个十分复杂的问题，我国《行政诉讼法》并未对此作出规定，因此，从行政诉讼类型出发来探讨行政诉讼的目的在我国目前还缺乏法律上的前提。

2. 行政诉讼目的理论在行政诉讼撤诉制度中的体现

行政诉讼撤诉作为行政诉讼中的一项重要制度，其制度设计必然受到行政诉讼目的的制约，行政诉讼目的理论应当作为设计行政诉讼撤诉制度的出发点和落脚点。

行政诉讼撤诉制度对原告申请撤诉权利的赋予，是尊重原告行政争议解决程序选择权的体现。在提起行政诉讼以后，原告由于清晰地认识了自身的行为或者更加深刻地对法律予以了理解等因素，决定退出行政诉讼程序，从而向法院申请撤诉。这一做法不仅可以使原告节省诉讼成本，还可以对原告其他方面的意愿予以满足，是行政诉讼保护公民、法人和其他组织合法权益的诉讼目的在行政诉讼撤诉制度中的体现。

在行政诉讼撤诉制度中，对于原告的撤诉申请，只有经过法院审查后予以准许才能发生法律效力。这是行政诉讼监督行政机关依法行使职权的诉讼目的在行政诉讼撤诉制度中的体现。行政诉讼撤诉制度中司法权对行政机关的监督，不是体现为对行政机关依法实施行政行为的监督，而是监督行政机关是否实施了强迫或者变相强迫的行为而使原告并非出于自己的真实意思表示而被迫申请撤诉。在行政管理活动中，基于行政权的优

---

〔1〕 赵清林：“类型化视野下行政诉讼目的新论”，载《当代法学》2017年第6期，第64~74页。

〔2〕 向忠诚：“行政诉讼类型研究”，载《湖南科技学院学报》2005年第2期，第36页。

势地位，行政相对人一般处于被支配的弱势地位，对行政机关不敢违抗，行政行为的公定力也使行政相对人在一般情况下只能服从行政机关实施的行政行为。行政相对人在面对强大的行政机关时，往往显得势单力薄，大多不敢在自己的合法权益遭受行政行为的侵犯时对行政机关提起行政诉讼。行政相对人在迫不得已提起行政诉讼以后，不少的行政机关往往强迫或者变相强迫原告撤回起诉，使原告被迫放弃自己的诉讼权利，法院对原告的撤诉申请进行审查，审查的重点内容是行政机关是否强迫或者变相强迫原告提出撤诉申请，这不仅有利于保护原告的合法权益，而且也可以监督行政机关依法行使职权。

在行政诉讼撤诉制度中。如果原告提出的撤诉申请经法院审查后裁定予以准许，将导致行政诉讼程序的终止和行政诉讼法律关系的消灭，该行政争议不需要通过行政诉讼的司法程序予以解决。这是行政诉讼解决行政争议的诉讼目的在行政诉讼撤诉制度中的体现。

（三）行政诉权理论

1. 行政诉权理论的基本内容

关于诉权理论的研究，长期以来局限于民事诉讼。民事诉权的探讨一直是民事诉讼法学的一个主题，并在国外形成了私法诉权说、公法诉权说、宪法诉权说、多元诉权说和诉权否定说等多种学说。在我国民事诉讼法学界，关于民事诉权也产生了二元诉权说、一元诉权说和宪法诉权说。相比较而言，法学界对行政诉权理论的研究显得较为薄弱。但是，近年来，随着行政诉讼法学理论研究的日益深入和行政诉讼实践的不断发展，行政诉权理论对有效实施行政诉讼制度方面的指导作用和在行政法学理论中的地位逐渐被人们所认识，对行政诉权理论的有关问题有不少学者进行了探讨。研究行政诉权的现实意义为：

有助于保护相对人的合法权益；有助于监督行政权依法运行；有助于实质性解决行政纠纷；有助于维护公共利益与行政法律秩序；有助于塑造公民人格意识与国家法治底蕴。〔1〕

如何界定行政诉权的概念，学者们的认识并不完全相同，主要有以下几种学说：一是行政诉讼启动权说。这一学说认为，行政诉权就是启动行政诉讼的权利。该学说内部有两种意见：一种意见认为，行政诉权既包括行政相对人向法院提起诉讼的权利，也包括行政机关的应诉权；〔2〕另一种意见则认为，行政诉权只是指行政相对人向法院提起诉讼的权利，并不包括行政机关的应诉权。〔3〕二是请求司法保护说。有学者认为，行政诉权，是行政法律关系当事人，对因行政职权的存在和行使而引起的行政争议，在不能自行解决时，依法请求法院提供司法保护和帮助的权利。〔4〕三是请求公正裁判说。有学者认为，行政诉权，是指符合特定条件而向法院提起行政诉讼的当事人要求接受法院公正审判的权利；〔5〕公民行政诉权，是指行政活动中的公民以行政诉讼法规定的程序为根据，请求法院公正审理有关行政纠纷并作出裁判的权利；〔6〕行政诉权，是指行政诉讼当事人请求法院依法公正审判的程序权利，其内容包含起诉权、

〔1〕 梁君瑜："行政诉权论：研究对象、现实意义与轴心地位"，载《河南财经政法大学学报》2018年第1期，第65~68页。

〔2〕 薛刚凌：《行政诉权研究》，华文出版社1999年版，第16页。

〔3〕 张显伟："行政诉权及其保障"，载《广西民族学院学报（哲学社会科学版）》2004年第4期，第164页。

〔4〕 高家伟："论行政诉权"，载《政法论坛》1998年第1期，第90页。

〔5〕 章志远、郝炜："行政再审程序之改造——以行政诉权保障为分析视角"，载《苏州大学学报（哲学社会科学版）》2007年第4期，第40页。

〔6〕 李湘刚："论完整意义上的公民行政诉权的构建"，载《政治与法律》2011年第6期，第56页。

获得实体裁判权、获得公正裁判权。〔1〕四是行政诉讼权利说。有学者认为，就基本含义而言，行政诉权理所当然是行政诉讼权利。〔2〕五是程序权利说。有学者认为，行政诉权，是基于行政诉讼主体资格，双方当事人在行政诉讼过程中依法享有的全部程序化权利的总称。〔3〕六是二元诉权说。这一学说是诉权理论的传统学说。有学者认为，诉权本身有两层含义：程序意义上的诉权是指起诉、应诉的权利；实体意义上的诉权是指请求法院以国家审判权保护其合法权益的权利。〔4〕七是宪法诉权说。有学者指出："行政诉权是指公民所享有的一项宪法权利。"〔5〕"在法治社会，诉权是公民的一项宪法权利和基本人权。"〔6〕八是法律形态说。有学者认为，行政诉权可以分为基本权型的行政诉权、制度型的行政诉权和实践型的行政诉权三种类型。〔7〕

笔者认为，要正确界定行政诉权的概念，需明确以下几个问题：第一，行政诉权的享有者是行政诉讼的双方当事人，行政诉权存在于行政诉讼的整个过程之中。如果认为只有行政相

---

〔1〕 梁君瑜："行政诉权本质之辨：学术史梳理、观念重构与逻辑证成"，载《政治与法律》2017年第11期，第77页；梁君瑜："行政诉权论：研究对象、现实意义与轴心地位"，载《河南财经政法大学学报》2018年第1期，第63页。

〔2〕 赵正群："行政诉权在中国大陆的生成及其面临的挑战"，载陈光中、江伟主编：《诉讼法论丛》（第6卷），法律出版社2001年版，第773页。

〔3〕 魏昕："行政相对人诉权保护初探"，载《行政论坛》2003年第4期，第46页。

〔4〕 王振清："谈谈行政诉讼中的诉与诉权"，载《行政法学研究》1996年第4期，第50页。

〔5〕 郭昕："行政诉权保护之浅见"，载《安徽警官职业学院学报》2006年第2期，第39页。

〔6〕 乔继东："行政诉权与行政诉讼受案范围"，载《行政论坛》2006年第5期，第64页。

〔7〕 孔繁华："行政诉权的法律形态及其实现路径——兼评最高人民法院法发［2009］54号文件"，载《法学评论》2011年第1期，第39~45页。

对人才享有行政诉权，或者认为行政诉权只是行政相对人提起行政诉讼的权利，就抹杀了行政诉权的丰富内涵，行政诉讼主体、诉讼标的与理由作为行政之诉构成要素存在的价值也就被予以否定了。需要指出的是，被告的应诉并不是一种权利，而是一种义务。第二，行政诉权具有程序和实体两方面的含义，既是一种程序权利，又具有实体方面的内容。仅仅将行政诉权看作是一种程序权利，就会对行政诉权的内容予以忽视，并没有全面揭示行政诉权的内涵。行政诉权的两方面含义，应当从行政诉权概念的统一性出发，不能像二元诉权论那样将行政诉权分割为程序权利和实体权利。第三，得到公正裁判权或者胜诉权不能作为行政诉权的内容。裁判的公正性，包括程序公正和实体公正。行政诉权虽然要考虑程序公正的因素，但不能包括实体公正的要求。实体公正具有相对性，不同的主体会存在不同的评价，不论当事人是否认为法院裁判公正，都必须接受法院的裁判。关于胜诉权，它只是当事人行使诉权的目的，并不是诉权的内容。第四，行政诉权不同于行政诉讼权利。两者的主要区别在于：行政诉权是宪法上的基本权利，行政诉讼权利是行政诉讼法上的权利；只有当事人才享有行政诉权，所有的诉讼参与人都可以享有行政诉讼权利；行政诉权既有程序方面的内容，又有实体方面的内容，行政诉讼权利仅有程序方面的内容。

根据上述分析，可以对行政诉权的概念作如下表述：行政诉权，是指行政诉讼当事人所享有的请求司法保护、依法参加行政案件审理以及接受法院行政裁判约束的权利。

行政诉权具有的专属特征为：行政诉权具有权力制约之效果；行政诉权两造之诉权具有不对等性；行政诉权具有公益性。[1]

---

〔1〕 梁君瑜：“行政诉权论：研究对象、现实意义与轴心地位”，载《河南财经政法大学学报》2018 年第 1 期，第 63~64 页。

行政诉权是行政诉讼当事人所享有的权利，其对应的是国家的义务，包括立法机关的义务和司法机关的义务。就立法机关的义务而言，要确立行政诉权的核心内容，即接近法院的权利或者诉诸法院进行救济的权利；要在宪法中明确规定行政诉权，以体现行政诉权在保障个人自由和法律秩序方面独特的价值和作用；要完善行政诉讼立法和行政立法，为当事人行政诉权的行使提供方便条件。就司法机关的义务而言，要保证实定法已规定的行政诉权的内容切实得到实现，不得克减；在实定法对行政诉权的保护存在漏洞时，应通过司法解释的规定予以填补。

行政诉权虽然是行政诉讼双方当事人都享有的权利，但在行政诉讼中应当高度重视对行政相对人即原告的行政诉权的保护。理由在于：一是保护行政相对人的行政诉权，是实现行政诉讼目的的需要，也是我国《行政诉讼法》重要的基本原则；二是保护行政相对人的行政诉权，有利于解决司法实践中限制原告诉权的情形，是人民群众的迫切需要；三是保护行政相对人的行政诉权，有利于维护大局，实现社会稳定，也是在国际人权斗争中争取主动权的需要。

但是，对行政相对人行政诉权的保护绝对地予以强调是不恰当的。基于司法资源的稀缺性、司法化解行政纠纷能力的有限性以及司法谦抑性等因素的考量，行政诉权在行使的方式和条件上应当具有一定的限度，〔1〕当事人不得滥用行政诉权。当事人滥用行政诉权表现为滥用起诉权和滥用具体的行政诉讼权利。有学者认为，滥用行政诉权的规制路径为：遵守审慎原则；准确把握起诉条件的适法性审查；扩大妨碍诉讼强制措施的适

---

〔1〕付辉：“行政诉权行使的合理限度——诉权保障的逆向思考”，载《法学杂志》2018 年第 5 期，第 135~136 页。

用范围；转嫁诉讼成本予过错方。[1]

2. 行政诉权理论在行政诉讼撤诉制度中的体现

行政诉权是行政诉讼中原告和被告双方都享有的权利，行政诉讼撤诉制度的改革，应当以行政诉权理论作为指导。行政诉权理论应当体现于行政诉讼撤诉制度之中。

与其他行政诉讼制度一样，在行政诉讼撤诉制度中，同样要高度重视对原告行政诉权的保护。原告既然有提起行政诉讼的权利，也当然享有对已经提起的行政诉讼予以撤回的权利，因此，原告申请撤诉的权利可以视为其行使行政诉权的表现。对已经提起行政诉讼的行政争议，在行政诉讼过程中，原告经过权衡利害关系后，在不损害国家利益、社会公共利益和他人合法权益以及不违反法律禁止性规定的前提下，自愿停止其诉权的行使，向法院申请撤诉，法院经审查后裁定予以准许，行政诉讼程序就可以结束。正常情形下的撤诉，是原告对行政诉权的暂时放弃，是对原告处分权予以尊重的体现。但是，非正常的撤诉，使原告行政诉权的行使在不该停止时而予以停止，这是原告行政诉权行使受到阻碍的具体表现。在行政诉讼撤诉制度中，法院应当慎重处理行政诉讼撤诉案件，确保原告行使行政诉权目的的实现。对原告提出的撤诉申请，法院要认真审查是否出于原告的真实意思表示，对不是出于原告真实意思表示的撤诉申请，法院应当裁定不予准许。法院还应当充分尊重原告申请撤诉的权利，不能“动员”或者“劝说”原告申请撤诉，更不能强迫或者变相强迫原告申请撤诉。如果法院对原告撤诉申请的审查权被虚置，如果法院不尊重原告申请撤诉的权利而对原告的申请撤诉的意思表示进行干预或者强制，就可能

---

〔1〕 孔繁华：“滥用行政诉权之法律规制”，载《政法论坛》2017 年第 4 期，第 97~100 页。

使原告本可胜诉的案件以撤诉而结束。这使得原告请求司法的保护权利的行使丧失了意义，依法参加案件审理和接受法院裁判的权利被剥夺，实际上是不尊重和否定原告的行政诉权，无法实现原告行使行政诉权的目的。

虽然在行政诉讼中要高度重视对原告行政诉权的保护，但被告同样在行政诉讼过程中享有行政诉权，只是不享有提起行政诉讼的权利而已。在行政诉讼中，被告与原告一样享有行政诉权，使得被告与原告在行政诉讼过程中处于平等的地位。被告在行政诉讼中享有的行政诉权，具体表现为依法参加行政案件审理的权利和接受法院行政裁判的权利。在行政诉讼过程中，为了提供证据证明其所实施的行政行为具有合法性和正当性，被告有权依法参加行政案件的审理；为了追求行政诉讼的胜诉判决，被告享有接受法院行政裁判的权利。如果在任何情况下，行政诉讼的撤诉无视被告的意愿，被告所作的种种努力就可能因撤诉最终化为泡影，从而侵犯了被告所享有的行政诉权。因此，行政诉讼撤诉制度的改革，在高度重视对原告行政诉权保护的同时，不能忽视对被告行政诉权的保护。

### （四）行政诉讼行为理论

#### 1. 行政诉讼行为理论的基本内容

诉讼行为是诉讼过程构成的基本因素，没有诉讼行为，就不存在诉讼过程，故“诉讼行为之概念乃是诉讼法治的中心点”。[1]在诉讼法学界，民事诉讼法学对诉讼行为理论的研究较为深入，由于行政诉讼从民事诉讼中脱胎而来，加之行政诉讼法学界对诉讼行为理论的探讨并不热烈，这里对行政诉讼行为理论基本内容的介绍主要参照民事诉讼法学界的研究成果。

---

〔1〕 樊崇义主编：《诉讼原理》，法律出版社2003年版，第380页。

如何界定诉讼行为，传统的观点是“要件效果说”和“效果说”。“要件效果说”为德国学者罗森贝克教授所倡导，曾经为德国和日本的通说。该说认为，诉讼行为的内容与形成，不能由当事人自己决定，只有诉讼法对当事人行为的效果和要件进行规定时，当事人的行为才属于诉讼行为。“效果说”为德国学者鲍姆杰尔特尔教授和日本学者三月章教授所倡导，认为适用诉讼法或者实体法规定的要件，能够在诉讼法上引起一定效果的行为，都是诉讼行为。“要件效果说”对诉讼行为的认定简单明了，便于在司法实务中操作，但是，诉讼法的法律条文是有限的，不可能对诉讼行为的所有形态都穷尽地予以规定。因此，这一学说会大大缩小诉讼行为的范围，不利于当事人程序利益的保障，也不利于当事人诉讼活动的开展。“效果说”对诉讼行为的范围大大予以扩展，有利于保障当事人的程序利益，但也存在以下缺陷：一是很难明确地界定诉讼行为的范围；二是过多地赋予诉讼行为的自由，不利于程序系统安定性和连续性的保持；三是由诉讼法和实体法来共同规定诉讼行为的效果，对诉讼行为性质的认定有时会出现难题。由于“要件效果说”和“效果说”都存在不同程度的缺陷，理论界又出现了界定诉讼行为的“主要效果说”。德国学者奥特马·尧厄尼希教授是这一学说的主张者，罗森贝克教授也改变了原来的态度，采用“主要效果说”的观点而放弃了由其倡导的“要件效果说”。“主要效果说”认为，只产生诉讼法上的效果时，当事人的行为无疑是诉讼行为；在实体法和诉讼法同时规定当事人行为的效果时，只有主要效果为诉讼法规定时，当事人的行为才是诉讼行为。[1]

---

〔1〕 邹政：“诉讼行为界定标准重述——兼论与私法行为的区别”，载《西南政法大学学报》2010 年第 6 期，第 52 页。

诉讼行为应当有一定范围的限制，不能认为诉讼中的所有行为都是诉讼行为。界定诉讼行为边界的主要依据为：国家维护秩序的需要；诉讼法律关系主体地位的差异；不同诉讼法律关系主体利益的平衡。〔1〕有学者认为，诉讼行为尤其是法官的诉讼行为，有时还会受到利害关系集团的影响，日本有学者将这种现象定义为“审判政治化”。〔2〕

为了对诉讼行为与非诉讼行为进行准确的区分，有必要揭示诉讼行为的特征。一般认为，诉讼行为具有以下特征：一是法律性。法律性又称为专属性，是指对诉讼行为实施的主体资格，法律进行了严格的规定。首先，有权实施诉讼行为的主体只能是诉讼法律关系主体，某一主体如果不是诉讼法律关系主体，其实施的行为就不可能属于诉讼行为。其次，一定的诉讼行为只能由具有一定的主体资格或者诉讼地位的人来实施，例如，审判行为只能由法院实施。二是关联性。关联性，是指在同一诉讼程序中，同一诉讼法律关系主体所实施的不同诉讼行为以及不同的诉讼法律关系主体所实施的诉讼行为具有内在的联系。这种内在联系，可能是手段与目的的联系，也可能是原因与结果的联系。诉讼法律关系主体对自己的诉讼行为不能孤立地予以看待，应该认识其可能影响整个诉讼程序，也可能对其他诉讼法律关系主体产生影响。三是顺序性。顺序性，是指诉讼法律关系主体对诉讼行为的实施，必须按照法定的先后顺序，先前的诉讼行为是后续的诉讼行为的前提和基础，不能将后一阶段的诉讼行为提前至前一阶段，也不能将前一阶段的诉讼行为拖延至后一阶段。例如，只有原告先实施起诉行为，法院才能

〔1〕 彭明：“诉讼行为分析”，载《江西社会科学》2002年第12期，第141页。

〔2〕 ［日］棚瀬孝雄：《纠纷的解决与审判制度》，王亚新译，中国政法大学出版社2004年版，第163页。

进行审理和裁判；原告只有先实施起诉行为，才有可能实施申请撤诉的行为。四是时限性。时限性，是指诉讼法律关系主体对诉讼行为的实施，必须符合法定的时限要求。诉讼法律关系主体实施的诉讼行为，超过法定的时限，如系行使诉讼权利的，将会导致诉讼上的“失权”；如系履行诉讼义务的，将产生相应的法律责任。诉讼行为时限性的要求，是基于时间经济性的考虑和诉讼效率的要求。五是救济性。在诉讼过程中，诉讼法律关系主体实施诉讼行为的目的在于解决纠纷，这就决定了诉讼行为具有救济性的特点。如果诉讼行为不具有救济性，实施诉讼行为以救济当事人利益的目的就不能得到实现。

为了对诉讼行为的特征进行更为深入的认识，有必要对诉讼行为按一定的标准进行分类。一般认为，诉讼行为可作如下分类：其一，根据实施的主体来划分，诉讼行为可以分为法官实施的、当事人实施的和第三人实施的三种类型。其二，根据对诉讼进程的影响来划分，诉讼行为可以分为作为和不作为两种类型。前者是指对诉讼程序的进行产生直接、积极效果的诉讼行为；后者是指对诉讼程序的进行产生间接、消极效果的诉讼行为。其三，根据权力基础来划分，诉讼行为可以分为职权性和非职权性两种类型。前者是指诉讼法律关系主体实施诉讼行为依据的是自己的职权；后者是指诉讼法律关系主体实施的诉讼行为是基于自己的诉讼权益而不是依据自己的职权。其四，根据效力完整与否来划分，诉讼行为可以分为完全和不完全两种类型。前者是指诉讼法律关系主体实施的诉讼行为完全有效；后者是指诉讼法律关系主体实施的诉讼行为无效、失效、不生效力、无效果或者效力待定。其五，根据是基于当事人之间的合意还是有拘束力的决定来划分，诉讼行为可以分为合意和决定两种类型。前者是指诉讼法律关系主体实施诉讼行为是基于双方的合意；后者是指某一诉讼法律关系主体对如何解决纠纷作出一定的提示并据此终结诉讼的诉讼行为。其六，根据作用的机理来划分，诉讼行为可以分为声明性和事实性两种类型。前者是指诉讼效果的产生是通过人的意识活动的诉讼行为；后者是指诉讼效果的产生是通过实施状况的变更的诉讼行为。其七，根据诉讼行为是否需要法院的介入而发生诉讼效果进行分类，可以分为取效性和与效性两种类型。前者是指诉讼行为的诉讼效果无法单独获得，必须借助法院的相应行为才能产生；后者是指诉讼行为的诉讼效果可以单独获得，无需法院的介入就可直接产生。

诉讼行为要产生一定的法律后果，应当具备必要的构成要件。一般认为，诉讼行为的构成要件包括四个方面：一是诉讼行为的主体合格。前述诉讼行为特征的法律性已对诉讼行为实施主体资格的合法性作了说明。不仅如此，诉讼行为的主体合格，还包括实际实施诉讼行为的主体必须具有诉讼行为能力，否则，应由其法定诉讼代理人代为实施。二是诉讼行为实施主体的意思表示真实。这是诉讼行为构成的主观要件。在一般情况下，有关主体在实施诉讼行为时的意思表示存在瑕疵或者缺陷，会影响诉讼行为的效力。三是诉讼行为的内容合法。这不仅指诉讼行为的内容应符合法律的具体规定，还应从更广义的角度来理解，包括诉讼行为的内容应当明确而不能模糊；诉讼行为的内容应当合理而不能相互矛盾；诉讼行为的内容不能附有期限或者条件而应当确切。四是诉讼行为的形式合法。诉讼行为的形式应当符合法律的规定，否则就可能影响诉讼行为的效力。

要使诉讼行为合法实施产生预期的诉讼法律效果，应当对诉讼行为进行必要的规制。诉讼行为主要由法院和当事人来实施。对当事人诉讼行为的规制，诉讼法上的规定大多十分具体，且法院在司法实践中能够通过审判权的行使依法规制当事人的诉讼行为。这里仅讨论对法院诉讼行为的规制。就诉讼立法而言，我国的诉讼法缺乏对法官自由裁量权滥用的制度性约束，缺乏对法官“不作为”行为的有效规制。“法官”是社会公正的典型化的人格载体，如果法官滥用自由裁量权，会对司法公正产生负面的影响，减损民众对司法的信任。要对法官自由裁量权的滥用形成制度性的约束，必须坚持实体公正与程序公正并重，不仅要关注案件的实体处理结果，而且要从程序上严格规制法官的诉讼行为，既要注重法官素质的提高，又要加大对滥用自由裁量权法官的处罚力度。法官在诉讼中的不作为行为，在立案、审理和执行的整个诉讼过程中都可能存在。这种不作为行为，可能侵犯当事人的诉讼权利和实体权利。有学者指出，矫正法官在诉讼中的“不作为”行为，应当从以下几方面着手：一是转变观念，正确认识诉讼程序的独立价值；二是提高法官素质，构建法官依法独立审判的保障机制；三是完善诉讼立法规范，健全监督救济机制。〔1〕

无论立法和司法实务怎样规制诉讼行为，诉讼行为仍然有可能存在瑕疵。所谓诉讼行为的瑕疵，是指诉讼法律关系主体没有依据诉讼法的规定实施诉讼行为。当事人的诉讼行为瑕疵，主要表现为滥用诉权、不举证或者作伪证、逃避诉讼与抗拒执行以及意思表示不真实，其中，当事人意思表示不真实的诉讼行为，按引起的原因可以分为虚假表示、误解、欺诈及胁迫。〔2〕法院的诉讼行为有作出裁判和裁判之外两种情形。法院作出裁判的诉讼行为的瑕疵，是指法院裁判的作出违背诉讼法的规定。法院

〔1〕 廖永安：“法院诉讼行为要论”，载《法学家》2003年第2期，第53~55页。

〔2〕 张家慧：“意思表示不真实诉讼行为的救济”，载《法学研究》2002年第2期，第96~98页。

裁判外的诉讼行为，主要包括证据调查、送达诉讼文书等，这些行为如不符合诉讼法的规定而出现瑕疵，就可能影响当事人实施诉讼行为以及当事人诉讼权利和实体权利的实现。

怎样处理诉讼行为的瑕疵呢？诉讼理论认为，一般应采用以下规则：第一，根据有瑕疵的诉讼行为违反的诉讼法规范是强行规范还是任意规范采取不同的处理措施。诉讼法律规范中的强行规范，是指诉讼法律关系主体不得任意违背，不能以任何方式予以变更或者排除，而必须予以严格遵守的诉讼法律规范。这种诉讼法律规范具有公益性，是为了保障程序的安定有序和裁判的公正合法。但是，由于违反诉讼法强行规范的有瑕疵的诉讼行为并不一定不利于当事人，并且考虑程序安定的因素，违反诉讼法强行规范的有瑕疵的诉讼行为不一定必然是无效的诉讼行为。从国外的法律规定来看，违反诉讼法强行规范的有瑕疵的诉讼行为，只有在当事人提起上诉或者申请再审后才予以取消或者变更；如果当事人不提起上诉或者申请再审，仍然维持原状。诉讼法律规范中的任意规范，是指法律明确规定当事人可以援用的公益色彩不浓的诉讼法律规范，它主要有两种类型：第一种是法律明确规定允许在一定条件下当事人可以就某一事项依自己的意志来作出决定的诉讼法律规范；第二种是有关当事人责问事项的诉讼法律规范。所谓责问权，是指法院的诉讼行为在通知、送达、传唤等事项方面存在瑕疵时，当事人享有陈述异议或者主张无效的权能。对违背第一种诉讼法律规范中任意规范的有瑕疵的诉讼行为，一般是依当事人的主张来判断是否合法有效。对违背第二种诉讼法律规范中任意规范的有瑕疵的诉讼行为，当事人在法定期间内依法行使责问权，可以依法取消或者变更有瑕疵的诉讼行为，但是，如果当事人主动放弃责问权或者在法定期间内不行使责问权，该诉讼行为的瑕疵视为已经得到了治愈。这是诚实信用原则的要求，也是诉讼经济和程序安定的需要。第二，根据有瑕疵诉讼行为的实施者是法院还是当事人采取不同的处理措施。对法院作出裁判的有瑕疵的诉讼行为，只有在当事人依法提起上诉或者申请再审时才有可能予以废除，如果当事人没有提起上诉或者申请再审，该诉讼行为的瑕疵视为已经得到治愈。这是维护法院裁判既判力和尊重当事人意志的要求。对法院裁判之外的有瑕疵的诉讼行为，有两种处理办法：一是通过新的无瑕疵的诉讼行为的实施来除去有瑕疵的诉讼行为，使原来有瑕疵的诉讼行为的效力予以消灭；二是通过当事人责问权的行使或者放弃，使有瑕疵的诉讼行为依法取消或者变更，或者视为已经得到了治愈。对当事人实施的有瑕疵的诉讼行为，其处理办法主要有以下两种：一是补正或者撤回有瑕疵的诉讼行为；二是通过有关主体的追认，使有瑕疵的诉讼行为无瑕疵而变成有效的诉讼行为。此外，还有学者对设立当事人意思表示不真实诉讼行为的救济制度和对虚假诉讼行为的规制进行了思考。有学者认为，对当事人意思表示不真实的诉讼行为进行救济，是实现程序正义的要求，是司法实践的需要，是法院判决正当性和保障当事人在实质上实现诉讼武器平等的需要，并且认为基于当事人申请，法院审查，在符合属于可能影响法院裁判后果的行为、当事人必须提供证据证明事实的存在以及当事人应当在合理期限内提出救济申请等要件时，对当事人意思表示不真实的诉讼行为，应当作出给予救济的裁判。[1]

2. 行政诉讼行为理论在行政诉讼撤诉制度中的体现

行政诉讼撤诉制度，是行政诉讼法对行政诉讼中的撤诉行

---

〔1〕 张家慧："意思表示不真实诉讼行为的救济"，载《法学研究》2002年第2期，第109~111页。

为予以调整的法律制度。行政诉讼撤诉行为，包括原告申请撤诉的行为和法院对原告的撤诉申请予以审查并作出裁定的行为，如果原告在被告应诉答辩后提出撤诉申请，还包括被告对原告的撤诉申请予以同意的行为。由此可见，行政诉讼撤诉行为要产生诉讼法上的效果，应由不同的诉讼法律关系主体依法实施相关行为。

行政诉讼撤诉行为具备一般诉讼行为的特征。这一行为的实施主体是原告、法院和被告。只有原告才有权申请撤诉，对原告的撤诉申请行使审查权和裁定权的是法院，在被告应诉答辩后原告提出撤诉申请时由被告行使是否同意的权利。上述不同主体的行为具有明显的关联性。就顺序性而言，是先由原告申请撤诉，如果提出撤诉申请时被告已经应诉答辩，再由被告行使是否同意原告申请撤诉的权利，最后由法院行使对原告撤诉申请的审查权和裁定权。在行政诉讼撤诉行为中，无论哪一主体实施的行为，都应当有法定的时间要求，并且法律应当就当事人的相关行为提供法律上的救济。

从诉讼行为的分类来讲，行政诉讼撤诉行为主要是作为，也包括不作为，其中法院的行为具有职权性，原告和被告的行为则不具有职权性。行政诉讼撤诉行为主要是决定诉讼行为，就被告行使是否同意权角度而言，有时也存在合意的因素。行政诉讼撤诉行为具有明显的取效性。

行政诉讼撤诉行为同样要符合诉讼行为的构成要件，如主体合格、意思表示真实、内容合法、形式合法。为使行政诉讼撤诉行为产生预期的法律后果，不仅要规制原告的申请撤诉行为和被告对原告的撤诉申请予以同意的行为，而且要规制法院对原告撤诉申请的审查和裁定行为。行政诉讼撤诉行为有瑕疵，应当结合行政诉讼撤诉行为自身的特点，依据诉讼行为瑕疵处理的一般办法来作出处理。

## 二、行政诉讼撤诉制度改革的基本原则

行政诉讼撤诉制度改革的基本原则主要是权力（利）平衡原则。这一原则可分解为处分权与审判权的平衡以及行政权与审判权的平衡这两项子原则。

### （一）处分权与审判权平衡的原则

对当事人处分权的尊重，是现代程序法的内在要义。在诉讼程序中，当事人享有处分权的根源在于处分主义。处分主义是与职权主义相对应的概念，它是指诉讼程序不能由法院依职权进行，原则上应由当事人自主决定诉讼程序的启动以及诉讼救济的方式与范围等。无论是我国还是外国的民事诉讼制度，处分主义均明确规定为处分原则。从国外的情况来看，在行政诉讼制度中不少的国家也对处分原则作了规定。例如，德国的行政诉讼就适用了处分原则。“处分原则的最重要的结果是：法院通常只能依申请行事，而且它不得超越诉讼请求作出裁判，或者对未被申请的事项作出宣判（不超越请求——参见《行政法院法》第 88 条）。原告可以变更（第 91 条）或撤回（第 92 条第 2 款）诉讼。甚至在言辞审理中提出请求后，经被告同意，这也是可能的。如果已经撤诉，法院必须通过裁决程序。法庭和解（第 106 条）——按照正确的理解——认可和放弃诉讼，也是处分原则的一种表现。诉讼请求对法院的约束，必然也包括禁止在行政诉讼中实行‘加重改判’……如果法院违反处分原则，譬如对诉讼请求范围以外的事项作出裁判，或者在诉讼终结或被撤回之后，仍然继续诉讼程序，此时就存在着瑕疵，从而也产生了法律审上诉的理由。”〔1〕但是，我国《行政诉讼

〔1〕［德］弗里德赫尔穆·胡芬：《行政诉讼法》（第 5 版），莫光华译，刘飞校，法律出版社 2003 年版，第 545 页。

法》中并没有处分原则的规定。有学者指出，应当摒弃传统观念，放心大胆地给予当事人处分权，并借鉴德国行政诉讼立法的经验，将处分原则作为一项基本原则在新的行政诉讼法典中加以规定。如此一来就纲举目张，才有可能在行政诉讼中一以贯之地对当事人处分权进行保障，并进而对机制呆板的行政诉讼体制予以激活。[1]但这一主张在2014年我国修正《行政诉讼法》时没有被采纳。笔者认为，之所以在行政诉讼制度中应当确认处分原则，是基于行政诉讼制度与民事诉讼制度在起源和实施过程中存在的关联性，是基于行政诉讼中行政相对人与民事诉讼当事人的相似性，是基于行政诉讼制度在实际运行过程中的经验和规律。还应当看到，在行政诉讼中确认处分原则，可以改变职权主义诉讼模式下对当事人主体地位和人格尊严的忽视而视当事人为诉讼客体的状态，有利于维护当事人的主体性地位，体现了行政诉讼是维护当事人主观权利的重要手段。就处分原则而言，行政诉讼制度与民事诉讼制度并非不存在差异。在行政诉讼制度中，作为被告的行政机关因为行政职权法定原则的要求，在一般情况下不得对自己的法定职权自由处分，加之行政诉讼往往涉及国家利益、社会公共利益，作为行政诉讼原告的行政相对人所行使的处分权也会受到比民事诉讼当事人更为严格的限制。但是，不可否认的是，当事人的处分权仍然是行政诉讼撤诉制度最直接的法理基础，因为行政诉讼的原告申请撤诉，请求法院停止行使审判权，无疑是当事人行使处分权的体现。

行政诉讼活动，是当事人处分权和法院的审判权交叉运行的体现。行政诉讼程序的展开及其结果，不仅是当事人行使诉

〔1〕 高春贵："论行政诉讼当事人处分权之法律保护"，载《长沙大学学报》2006年第3期，第45~47页。

讼权利以及展开攻击和防御的结果，也是法院行使行政审判权的结果。当事人申请撤诉这种处分权的行使，发生在行政诉讼过程中，同样会与法院的行政审判权发生关联。在行政诉讼撤诉制度中，当事人的处分权与法院的行政审判权之间可能存在冲突，需要对这种冲突予以平衡。一方面，当事人处分权的行使具有制约法院行政审判权的功能，因为当事人合法有效地行使申请撤诉的权利，会使行政诉讼法律关系予以消灭，从而导致法院的行政审判权运行的停止；另一方面，法院的行政审判权具有监督、指导和保障当事人处分权行使的作用。法院应当指导当事人正确行使申请撤诉的权利，对当事人的撤诉申请要依法进行审查，依当事人提出的撤诉申请是否合法来裁定是否予以准许。在行政诉讼撤诉制度中，当事人的处分权与法院的行政审判权存在相互制约的关系，要使两者达到一种平衡的状态，主要应注意两个问题：第一，相对于法院的行政审判权，当事人的处分权应当处于优先的地位，充分保障当事人处分权的行使，是行政审判权行使的基点和宗旨。当事人向法院提出撤诉的申请，表明其愿意放弃请求法院司法救济的权利，只要其意思表示真实，且对国家利益、社会公共利益和他人的合法权益不产生损害，不违反法律的禁止性规定，行政审判权就应对此予以尊重。如果法院对符合条件的撤诉申请不予准许，就是以行政审判权侵犯了当事人的处分权。第二，为了确保当事人处分权行使的正确性，防止当事人随意行使处分权，行政审判权对当事人处分权的行使要进行适度的限制。在诉讼过程中，当事人的处分权是相对的和有限制的，不是绝对的和无限制的。当事人申请撤诉，如果法院裁定予以准许，会产生相关的法律后果。当事人申请撤诉的权利只有正确、合法、恰当地予以行使，才会有利于对当事人权益的保护，否则，就可能对当事人的保护乃至社会秩序的稳定产生不良的影响。正因为如此，在行政诉讼过程中，法院不仅不能违背当事人的意愿强迫其提出撤诉申请，而且还必须审查当事人提出撤诉申请是否出于真实的意思表示，是否对国家利益、社会公共利益和他人的合法权益造成损害，是否违反法律的禁止性规定。对当事人提出的撤诉申请法院不加审查一律予以准许的认识和做法是不正确的。如果法院经审查发现当事人提出撤诉申请并非出于自己真实的意思表示，或者准许撤诉会损害国家利益、社会公共利益或者他人的合法权益，或者违反法律的禁止性规定，法院对当事人的撤诉申请就应当裁定不予准许。当然，行政审判权对当事人处分权的限制应当是适度的，不能过度地进行干预，在法律上应当对行政审判权介入当事人处分权的范围、尺度和效力作出明确的规定。还需要注意的是，在行政诉讼撤诉制度中，虽然对原告的处分权和法院的行政审判权的平衡要重点予以关注，但在一定情形下还要考虑对被告的处分权与法院行政审判权的关系进行平衡，因为作为被告的行政机关的处分权虽然在行政诉讼中受到了限制，但也不能对被告的利益完全不加考虑。只有当事人的处分权和法院的行政审判权达到了平衡的状态，行政诉讼撤诉制度才能得以良性地运行。

（二）行政权与审判权平衡的原则

行政诉讼是指享有行政审判权的法院对行政机关的被诉行政行为进行审查，被诉行政行为是行政机关依据其享有的行政权作出的，因此，行政权与审判权之间的关系必然存在于行政诉讼过程之中。法院享有行政审判权来审查被诉行政行为的合法性从而解决行政机关与行政相对人之间的行政争议，主要有以下几方面的理由：一是最适宜进行行政审判和最有资格成为人权保卫者和宪法尊严捍卫者的机构是法院，因而最为恰当的是由法院来履行协调行政机关与行政相对人之间关系的职能。有学者指出："司法部门……是一种平衡社会多数成员与少数成员利益的政治机制。民主政治要求不仅按多数人的意志办事，还要保护少数人甚至个别人的权利，防止多数人对少数人的暴政。"[1]二是行政权作用的领域十分广泛，要对行政权的滥用进行防止，需要以权力来制约权力。在行政权运行的过程中，政府可以自律地进行自我监督，但在自我监督失效而形成了行政机关与行政相对人之间的冲突时，这种冲突的最终裁判者不能是政府，必须在政府之外来寻找一种裁判力量来解决这种冲突。最合理和最公正的裁判力量被认为是司法权，因为法院不直接行使政治、经济等方面的管理权力，人们信赖司法的根源在于司法的正义。

由于不同国家的历史传统和具体国情不同，各国处理行政权与司法权关系的做法并不完全相同。在法国，作为司法机关的普通法院无权受理行政案件，对行政机关的活动不能干涉，对行政权的司法审查由具有行政性质的行政法院来实施；行政法院通过行政诉讼来保证行政机关的活动符合法律，对行政机关的活动实施监督，制裁违法的行政行为，保障行政法治原则的实施。在德国，有三种路径来对行政权实施控制：第一种是通过依法行政等法律原则来控制行政权的行使；第二种是通过控制行政公职人员及其行政行为来控制行政权的行使；第三种是通过司法审查来控制行政权的行使。其中第三种路径就涉及司法权与行政权的关系。与法国不同的是，德国对行政行为的司法审查由司法系统内独立的行政法院来实施，在一般情况下，要全面审查案件的事实问题和法律问题，并且审查标准较为严

---

〔1〕 胡伟：《司法政治》，香港三联书店 1994 年版，第 230 页。

格，特别注重对个人的权利提供无漏洞的有效的法律保护，还具有监督行政机关的重要色彩。在英国，对行政权实施控制的路径有两种：一是确立“议会至上”原则。依照这一原则，行政机关行政权的行使必须在议会规定的权力范围之内，不能享有豁免权和其他不必要的特权。二是通过普通法院行使司法审查权来控制行政权的行使。普通法院在对行政行为实施司法审查时，主要遵循的是越权无效原则和自然正义原则。在美国，主要是通过较为严格的三权分立的分权体系来控制行政权的行使，使得行政权的行使既受到宪法的严格限制，又受到司法的有效监督，司法审查被视为是“行政法的平衡器”。美国法院在实施司法审查的过程中，实行穷尽行政救济原则，对事实问题的审查主要限于“合理性”，对法律问题的审查则注重其“正确性”，并且强调对行政行为的程序控制。

对行政权与审判权之间的关系，从我国宪法、法律的规定和理论界的一般认识来看，主要表现在以下几个方面：一是分工合作关系。行政权与行政审判权是两种不同性质的权力，分别由行政机关和法院来行使。行政权应当尊重行政审判权，行政审判权也应当尊重和支持行政权。例如，对于行政机关对法律问题和事实问题的最初判断权，法院在行使行政审判权时要给予适当的尊重。二是监督与被监督的关系。这种关系是指行政审判权单向地监督行政权，行政审判权不能受到行政权的监督。行政审判权对行政权的单向监督，是源于法律的明文规定。也就是说，行政审判权之所以能监督行政权，是产生于立法机关对法院的权力授予，法院是依立法机关的授权对行政权实施监督，而不是法院自身就理所当然地享有这种权力。三是审查与被审查的关系。这一关系是监督与被监督关系的具体化，法院在行政诉讼中有权审查行政机关的被诉行政行为。四是相互渗透的关系。这种关系是指行政权与行政审判权之间的相互渗透。行政权渗透至行政审判权，最显著的体现是行政司法行为，因为行政审判权的内容最为重要的是解决行政争议，行政司法行为是立法赋予行政机关对某些行政争议具有解决权，实际上是一种“准司法行为”。行政审判权渗透至行政权最为典型的例子是，对明显不当的行政处罚或者其他行政行为涉及对数额的确定、认定确有错误的，法院可以作出变更判决，以改变行政行为的内容。这实际上是法院代替行政机关重新作出一个新的行政行为。〔1〕在行政诉讼中，行政机关的行政权必须服从法院的行政审判权，但是基于行政自由裁量权的存在、行政行为评价的难度、权力制约的必要条件、行政效率的维持、行政审判权自身的局限性、行政效益价值的关注等因素的考虑，行政审判权在对行政权进行司法审查时具有有限性的特征。这种有限性，表现为受案范围的有限性、审理对象的有限性、审查程序的有限性和判决内容的有限性。受案范围的有限性，是指行政诉讼的受案范围虽然要尽可能地扩大，但这种扩大毕竟是有限度的，法院不可能把所有的行政争议都纳入行政诉讼的受案范围。审理对象的有限性，主要是指法院在审查行政行为时，原则上只审查合法性问题，对合理性问题一般不进行审查，并且要对行政机关就事实问题的最初判断权适当予以尊重。审理程序的有限性，主要是指行政案件的审理原则上不适用调解，行政审判程序的运行要注意维护行政权威，在法律适用时要参照行政规章。判决内容的有限性，是指除法律明确规定外，法院就行政案件所作的判决内容不能直接代替行政机关作出行政决

---

〔1〕 向忠诚、邓辉辉：“行政权与行政审判权之间的关系”，载《广西社会科学》2006 年第 7 期，第 71~72 页。

定，否则，就是行政审判权侵犯了行政权。[1]

在行政诉讼撤诉制度中，同样需要平衡行政权与审判权之间的关系。除了原告在被告应诉答辩后提出撤诉申请需要经过被告同意外，似乎行政诉讼中的撤诉主要是原告和法院的事情，与作为被告的行政机关没有多大的关系。但是，在行政诉讼撤诉制度运行的过程中，却到处可以看到行政机关庞大的身影。行政机关拥有强大的行政权，不仅可能直接胁迫或者变相胁迫原告提出撤诉申请，而且因现行司法体制等方面的原因可能不尊重和服从行政审判权，反而要求法院动员原告撤诉。法院基于审判权无法对行政权进行有效监督和依法审查的事实状态，有时也不得不依行政机关的意志行事。因此，行政诉讼撤诉制度的科学设计，必须以对行政权与审判权的关系恰当地予以平衡作为基础和前提。基本的要求为：行政审判权应当能够有效地监督行政权，行政权应当尊重和服从行政审判权。

---

〔1〕 向忠诚："论行政审判权的有限性"，载《桂海论丛》2007年第6期，第49~52页。

第四部分

# 行政诉讼撤诉制度的改革措施研究

## 一、观念上的改革

### （一）弘扬传统法律文化

法治建设离不开法律文化的支持。行政诉讼撤诉制度的改革，首先要从法律环境入手，其中最为重要的是法律文化环境。在当前全面推进依法治国的背景下，应当培植和构建中国特色社会主义先进法律文化。一方面，我们应当学习西方法律文明中先进的法律精神和法治理论，注重西方现代法律文化与中国传统法律文化的对接；另一方面，我们应当以积极的态度看待传统法律文化，弘扬传统法律文化。传统法律文化对当代的法治建设有着重要的价值和意义，尤其是在矛盾多发的社会转型时期，应当注意从传统法律文化中寻找对当代仍有价值的机制、制度和思想。弘扬传统法律文化，要求努力地继承传统法律文化的精髓，借鉴和吸纳传统法律文化中的优秀部分或者积极部分。传统法律文化对法治中国的建设具有重要的价值，法治中国自主的话语体系构建需要从传统法律文化中汲取养分，法治中国建设需要传统法律文化提供文化的自信，民众对法治中国的心理认同与传统法律文化的支撑密不可分，传统法律文化为法治中国建设供应本土法治资源。[1]现代中国虽然在政治形态和经济结构上发生了重大的变化，但依然保存了诸多的社会大众的思维习惯和文化特点，传统法律文化中的很多精华成分值得我们在制度上借鉴和在理论上思考。例如，“对于现代社会来说，尽管现在进入了‘权利时代’，个人权利越来越得到重视，但这并不意味着社会本位的观念就全然过时”。[2]何勤华教授认为，在中国传统法律文化中，至少有八个方面的要素值得我们弘扬：一是关于法的认识——中国传统智慧的结晶；二是成文法典传统——中华法系治国的基石；三是律条注疏——现代法律解释学的本土资源；四是对环境与资源的保护——天人合一思想在法律上的体现；五是尊老爱幼恤废怜疾——人伦思想的法律表述；六是慎刑恤罚——法的人道主义的萌芽；七是五听断狱——现代审判心理学的前奏；八是追求无讼——注重调解与和谐的东方精神。[3]此外，弘扬传统法律文化也要求坚决摒弃和排除传统法律文化中与现代法治精神严重相背离的糟粕或者消极部分。有学者认为，应当通过确立多元权利基础和实现国家权力和社会权利的良性契合，来对国家与市民社会的关系进行重构，通过“规则性道德”的至上性和“规则性道德”与“德性道德”的统一来对“规则性道德”与“德性道德”的关系进行重构，从而对我国传统法律文化进行创造性的转换。[4]

---

〔1〕 刘立明：“法治中国进程中传统法律文化的理性传承”，载《理论月刊》2015年第9期，第70~71页。

〔2〕 钟桂荣：“对中国传统法律文化合理性的反思”，载《东南学术》2015年第2期，第194页。

〔3〕 何勤华：“弘扬传统法律文化，建设现代法治国家”，载《中国法律评论》2018年第1期，第1~6页。

〔4〕 王平：“中国传统法律文化：特质、根源与转换路径”，载《科学社会主义》2008年第4期，第157~158页。

还有学者认为，由于经历了从仁政的期许到宪制的约束，从伦理社会的义务本位到公民社会的权利本位，从家族本位到个体本位，因而有必要调适传统法律文化以适用法制现代化的需要；立法建制的择善而行和司法判例的因势利导，使调适传统法律文化以适应法制现代化的需要成为可能。[1]

我国目前很难完全摒弃和排除传统法律文化中的消极部分对行政诉讼撤诉制度的影响。首先，要克服官本位的思想。在人民当家作主的社会主义国家，各级官员是人民的公仆，是人民的勤务员，应当努力地为人民服务。行政机关在行政管理过程中拥有一定的行政优位权，但这种优位权是人民赋予的，是用来为公共利益和广大民众服务的，不能成为行政机关享有特权的理由。从法律制度而言，控制行政权的行使，是行政法治建设的核心。应当严格遵守越权无效原则，行政机关务必做到“法无规定不可为”“法有规定必须为”，正确地履行宪法和法律赋予的职权。在行政诉讼过程中，虽然我国《行政诉讼法》自制定以来就确立了当事人诉讼法律地位平等的原则，但由于行政机关和行政相对人双方在实体法律地位上的不平等，尤其是在日常生活中地位的不平等，这种诉讼法律地位的平等往往成了空谈。为此，我国不仅要在行政实体法领域尽可能地实现行政机关和行政相对人法律地位上的平等，而且在法律文化方面要对行政机关进行“官民平等”“官为民服务”等教育，使官本位的思想尽快地从历史舞台中退出。其次，要正确树立程序构建视角下的行政纠纷观，增强公民的权利意识，对广大民众进行法律社会化的教育。传统法律文化的理念对纠纷持排斥态度，与我国提出的构建社会主义和谐社会的目标从形式上而

[1] 马建红：“传统法律文化调适的必要与可能”，载《法学杂志》2012 年第 12 期，第 106~110 页。

言具有共通性。但是，和谐社会并不是对社会存在的纠纷予以否定。作为社会主体之间的利益对抗，纠纷在所有的社会形态中都是客观存在的，在现代市场经济条件下，多元的利益冲突使得纠纷更加复杂，传统的无讼价值观在很大程度上受到了冲击。就行政纠纷而言，我国在改革开放以后，社会经济结构的变革十分重大，利益关系的冲击和利益格局的调整致使新的矛盾不断地凸现，不可避免地会形成行政纠纷。纠纷的形成是社会现象中的消极因素，但对纠纷的解决具有积极的功能。行政纠纷的存在，对社会秩序的稳定和社会关系的和谐是不利的，解决行政纠纷则具有对行政相对人和行政机关之间的不同利益和不同价值观念进行融合的功能。“从一定意义上说，人们对利益的需求创造了法律。世界上很多的法律制度，尤其是纠纷解决制度，实际上都是为了解决纠纷而有了生存的空间。适当的纠纷促进了人类的制度向良性化方向发展。”〔1〕因此，对于行政纠纷，我们没有必要进行回避和压制，而是应当理性地予以对待。我国现行行政诉讼撤诉制度的司法政策、立法及司法解释和实务运作，从某种程度上讲对于行政纠纷是持回避甚至是压制的态度的，即在当事人提起行政诉讼以后，只要其申请撤诉，就不加审查予以准许，甚至采取各种方式促使原告撤诉，达到案结了事的效果。事实上，要真正构建“和谐社会”，就应当努力地解决纠纷，因为纠纷的解决能使不正常的社会关系正常化，新的社会秩序得以构建。正因为如此，在 2014 年修正《行政诉讼法》时，将解决行政纠纷新增为行政诉讼制度的重要目的。有学者指出，纠纷作为社会积怨的“排气孔”，如果能够有序化地对其进行解决，可以有序、及时地释放积压的情绪，则对一

〔1〕 沈福俊：《中国行政救济程序论》，北京大学出版社 2008 年版，第 100 页。

个社会来说，就起了一种“安全阀”的作用。[1]在行政诉讼过程中，法院依法对被诉行政行为进行司法审查，如果行政机关实施的行政行为合法，被法院肯定，行政相对人在以后的生活中就会按合法的行政行为行事；如果行政机关的行政行为违法，被法院否定，行政机关在以后的行政管理过程中就会依法行使职权。这样，行政相对人与行政机关之间的关系就能够在法律的指引下得到和谐共处。行政纠纷的解决与公民权利意识的高低有十分密切的联系。在行政机关的行政行为侵犯公民的合法权益时，如果行政相对人不敢起诉，或者起诉以后又被迫违心撤诉，行政纠纷就不可能得到解决。现代社会虽然可以说已进入了“权利时代”，对个人的权利越来越重视，但增强公民的权利意识仍然十分有必要。努力提高公民的维权意识，就要求对广大民众进行法律社会化的教育。法律社会化的过程，就是民众认同立法精神和立法价值取向的过程。只有实现法律的社会化，法律上确定的概念、原则和规则才能从法律文本上的文字转化为个人的内在行为动机，才能从法律文本上的客观标准转化为人们的行为模式。在面对行政机关的违法行政行为时，要使行政相对人知悉自己的权利和义务，敢于行使行政诉权，克服不敢告、不愿告、不会告的现象，鼓励其努力地对自己的合法权益予以维护。尤为重要的是，在行政审判过程中，法院要努力通过审判活动来使《行政诉讼法》关于监督行政机关依法行使职权和保护行政相对人合法权益的目的得以实现，使行政相对人认同和相信法律，在内心中信仰宪法和法律至上的权威。

---

〔1〕［美］L. 科塞：《社会冲突的功能》，孙立平等译，华夏出版社 1989 年版，第 17 页。

### （二）强化对当事人行政诉权保护的意识

无论何种形式的诉讼，都是以冲突和争议的存在为前提的。不要以为诉讼结束了就实现了程序安定。只有解决和消除了当事人双方的冲突和争议，程序安定的目标才能真正地得到实现。要解决和消除双方当事人的冲突和争议，就行政诉讼而言，就必须对当事人行政诉权保护的意识予以强化。

诉权是公民所享有的一项基本人权，是一项宪法性权利。我国《宪法》虽然没有明确规定诉权，但对行政诉权通过公民享有的监督权作了间接的规定。由于各种主客观因素的制约和影响，与西方法治发达的国家相比，我国行政诉权出现的时间晚了 3 至 4 个世纪，对行政诉权的保护力度远远不够，在实践中出现了不少的问题。因此，应强化对当事人行政诉权保护的意识，完善行政诉权保障的立法。完善行政诉权保障的立法，包括确立和保障行政诉权的诉讼制度方面的法律以及规定行政诉权所保障的实体利益的法律。〔1〕

就行政诉讼撤诉制度的改革而言，不仅在立法上要以充分尊重行政相对人行政诉权的行使为原则和前提条件，而且在司法实践中也要强化对当事人行政诉权的保护。只有在行政相对人确实没有受到外界的干扰，完全出于自己真实的意思表示的撤诉，法院才能予以准许。要确保行政相对人行使行政诉权的诉讼安全，为行政相对人行政诉权的行使提供充分有效的保障。法院的行政审判权，应当为行政相对人行政诉权的行使服务，应当是行政相对人行使行政诉权的推动力或者助动力，不能阻碍行政相对人行政诉权的行使。只有行政诉权是基本人权和宪法性权利的理念深入人心，只有强化对当事人的行政诉权的保

〔1〕 薛刚凌：《行政诉权研究》，华文出版社 1999 年版，第 227 页。

护意识，行政相对人的合法权益才能得到真正的保护，行政诉讼撤诉制度才能健康发展，才有可能实现行政诉讼的目的。

## 二、行政诉讼撤诉制度设计的改革

### （一）主动申请撤诉制度的改革

主动申请撤诉制度，应当是行政诉讼撤诉制度的基础和常态，其他情况下的行政诉讼撤诉，只是行政诉讼撤诉制度的特殊情形。因此，在制度设计上，应当对主动申请撤诉制度作出较为完备的规定，其他情况下的行政诉讼撤诉，只需规定某些特殊的规则即可。主动申请撤诉是一种诉讼行为，与其他诉讼行为一样要符合主体合格、意思表示真实、内容合法、形式合法等构成要件。对于主动申请撤诉制度的设计，应当从以下两个方面进行改革：

#### 1. 具体规定主动申请撤诉制度的申请条件

（1）申请撤诉的主体资格。在一般情况下，行政诉讼撤诉要基于当事人的申请，这不仅是对当事人行政争议解决程序选择权和行政诉权行使予以充分尊重的要求，也是实现行政诉讼保护当事人合法权益目的的要求。申请撤诉作为一种诉讼行为，其实施主体必须具有法律性的特征，只有法律规定的主体才有权申请撤诉。在第一审程序中，原告有权提出撤诉申请是没有任何争议的。从诉讼代理制度而言，如果原告是无诉讼行为能力人，其法定代理人处于与当事人相同的诉讼地位，当事人的诉讼权利和诉讼义务都由其享有和履行，当然有权代原告作为申请撤诉的主体。委托诉讼代理人有一般授权的委托诉讼代理人和特别授权的委托诉讼代理人，涉及当事人重大权益事项的处分，应当有当事人的特别授权。行政诉讼中的申请撤诉，涉及当事人程序权利的放弃，可能导致行政诉讼法律关系的消灭和行政诉讼程序的终止，应当视为涉及当事人重大权益的事项，一般的委托诉讼代理人不能代原告行使这一权利，只有原告特别授权的委托诉讼代理人才可以代原告行使申请撤诉的权利。但是，行政诉讼立法及其司法解释对此未作规定，《民事诉讼法》第 59 条第 2 款[1]关于“特别授权”的规定也没有“申请撤诉”的内容，有可能在诉讼实践中形成代理纠纷。因此，有必要在立法或者司法解释中明确将“申请撤诉”作为当事人特别授权委托的事项。

在行政诉讼中还可能出现共同诉讼。如果属于普通的共同诉讼，因为不同的诉讼具有可分离性，一个诉讼的撤回对其他共同诉讼不会产生影响，因此，对申请撤诉的主体资格没有必要设置特别的规则。必要的共同诉讼则与之不同，因其属于不可分之诉，如果共同诉讼原告中的一人提出撤诉申请，其他共同诉讼的原告没有提出撤诉申请，此时就应当有一个解决的办法。在英国，如果一个案件存在多名原告，只有在其他原告以书面形式表示同意撤诉或者经法院准许的，原告才可以撤诉。我国的《行政诉讼法》没有规定这一问题，可以适用《民事诉讼法》第 52 条第 2 款[2]关于必要共同诉讼人之间的关系的处理规则来解决，即在必要的共同诉讼中，共同原告的一人或者部分人提出撤诉申请的，必须经其他共同原告同意。

如前所述，申请撤诉应当视为涉及当事人重大权益的事项。

---

〔1〕《民事诉讼法》第 59 条第 2 款规定：“授权委托书必须记明委托事项和权限。诉讼代理人代为承认、放弃、变更诉讼请求，进行和解，提起反诉或者上诉，必须有委托人的特别授权。”

〔2〕《民事诉讼法》第 52 条第 2 款规定：“共同诉讼的一方当事人对诉讼标的有共同权利义务的，其中一人的诉讼行为经其他共同诉讼人承认，对其他共同诉讼人发生效力……”

但是，《行政诉讼法》第28条[1]关于代表人诉讼中必须经被代表的当事人同意的事项中，并没有规定申请撤诉，有必要对此予以明确。

就原告以外的诉讼参加人而言，行政诉讼中的被告无权申请撤诉是十分明了的。行政诉讼是民告官的诉讼，行政机关不能作为原告起诉，其作为被告时也不能对原告提起反诉。既然作为被告的行政机关不能作为诉讼的提起者，也无权提起反诉，当然也就不享有申请撤诉的权利。但是，第三人能否具有申请撤诉的主体资格，则应当进行较为深入的探讨。在民事诉讼中，第三人分为有独立请求权的第三人和无独立请求权的第三人。有独立请求权的第三人的诉讼地位相当于原告，享有申请撤回其提出的第三人参加之诉的权利。行政诉讼中也存在第三人，但不像民事诉讼那样区分为有独立请求权的第三人和无独立请求权的第三人。对行政诉讼第三人的分类，有以下几种认识：一是认为分为有直接利害关系第三人和有间接利害关系第三人；二是认为分为必然性利害关系第三人、或然性利害关系第三人和预防性利害关系第三人；三是认为分为类似原告地位的第三人和类似被告地位的第三人；四是认为分为实质的第三人和形式的第三人；五是认为分为权利关系第三人、义务关系第三人和事实关系第三人。[2]对第三人能否申请撤诉，学者们存在意见分歧。有学者认为："有权提出诉讼请求并已实际提出了诉讼请求的第三人应被赋予独立的撤诉权，不论其诉讼请求与原告

---

〔1〕《行政诉讼法》第28条规定："当事人一方人数众多的共同诉讼，可以由当事人推选代表人进行诉讼。代表人的诉讼行为对其所代表的当事人发生效力，但代表人变更、放弃诉讼请求或者承认对方当事人的诉讼请求，应当经被代表的当事人同意。"

〔2〕向忠诚："行政诉讼第三人制度研究"，载《时代法学》2004年第5期，第29~30页。

或被告的主张是否一致。"[1]笔者不同意这种主张。虽然行政诉讼的有关司法解释规定第三人有权提出与本案有关的诉讼主张，且在《行政诉讼法》第29条第2款[2]规定了第三人的上诉权。但是，无论何种第三人，包括与原告诉讼地位相类似的第三人或权利关系第三人，并没有提起诉讼，其在诉讼中即使提出了与本案有关的诉讼主张，但并不构成一个诉。如果与被诉行政行为有利害关系的人提起了诉讼，他就是诉讼中的原告而不是第三人。因此，行政诉讼第三人不能作为申请撤诉的主体。从最基本的道理来讲，行政诉讼中的第三人，无论何种情形，均没有向法院提起诉讼，既然没有提起诉讼，就无撤诉权可言。第三人对提出的与本案有关的诉讼主张予以放弃，属于放弃诉讼请求，放弃诉讼请求并不等同于撤诉。

（2）申请撤诉的时间。申请撤诉是一种诉讼行为，应当具备诉讼行为时限性的特征，当事人不能不受时间的限制而随时行使申请撤诉的权利。申请撤诉的时间，要明确其起点和终点。

确定申请撤诉时间的起点的基本的法理依据是，撤诉的行政诉讼应当依法成立。撤诉是诉之撤回，如果当事人提起的行政诉讼没有依法成立，撤诉的前提条件就不存在。也就是说，当事人就无诉可撤。在法院立案之前，如果当事人要求撤回案件，应当尊重当事人程序选择权的充分行使，没有必要适用撤诉制度，当事人仅凭自己单方面的意志就可直接撤回案件，不必经法院准许。这不仅因为此种情形下行政诉讼并未成立，还因为让当事人直接撤回案件对法院和对方当事人的利益不会产

---

〔1〕吕娜娜："论构建行政诉讼第三人撤诉制度"，载《广西民族大学学报（哲学社会科学版）》2011年第1期，第129页。

〔2〕《行政诉讼法》第29条第2款规定："人民法院判决第三人承担义务或者减损第三人权益的，第三人有权依法提起上诉。"

生任何影响。此外，在当事人的起诉不符合条件时，法院应当依法裁定不予立案或者裁定驳回起诉，不能适用撤诉制度裁定准予当事人撤诉。撤诉的法律后果之一是引起行政诉讼法律关系的消灭，法院裁定不予立案，行政诉讼法律关系尚未产生，就无需适用引起行政诉讼法律关系消灭的撤诉制度。对法院立案以后发现起诉不符合条件的案件，法院没有必要适用撤诉制度，使用驳回起诉的裁定就足以使行政诉讼法律关系归于消灭。在司法实践中，法院动员当事人撤诉的情形，有一种称为法官技术性撤诉，即对起诉不符合条件的案件，法院故意不依法作出不予立案或者驳回起诉的裁定，而是在受理后劝说当事人申请撤诉，目的在于在法院现行的考核体系下增加行政案件的撤诉率。这种做法不仅是对《行政诉讼法》的明显违反，而且在司法实践中还造成了无法解决的困境。例如，对复议前置的案件，当事人未经行政复议直接向法院起诉的，法院本应裁定不予立案或者驳回起诉，如果法院劝说当事人撤诉以裁定准许撤诉的方式结案，当事人在申请复议后再向法院起诉时，因程序上的瑕疵得到了补正，法院应当依法受理。但依我国现行行政诉讼有关司法解释的规定，裁定准许撤诉的案件原则上不允许当事人重新起诉，这样就有可能对当事人行政诉权的行使造成障碍。

关于申请撤诉时间终点的问题，现行立法规定“判决宣告”之前作为时间终点的应予保留，但“裁定宣告”之前作为时间终点的规定应当予以修正，这不仅因为裁定的宣告不一定产生结束本审级诉讼程序的效力，而且《民事诉讼法》第 145 条第 1 款[1]也是规定为“宣判前”而没有规定“裁定宣告”之前。

---

〔1〕《民事诉讼法》第 145 条第 1 款规定：“宣判前，原告申请撤诉的，是否准许，由人民法院裁定。”

有学者认为，法庭辩论终结之前应当为原告申请撤诉的时间终点。[1]但笔者主张，申请撤诉时间的终点在一般情况下规定在“判决宣告”之前更为恰当，因为“判决宣告”表明本审级诉讼程序的结束。从更加严密的角度来思考，由于终结诉讼等个别裁定的宣告以及法院调解的生效也会导致行政诉讼程序的结束，申请撤诉的时间终点加上“其他情形下第一审程序结束之前”的规定就更为准确。

（3）原告申请撤诉时被告所享有的相应的诉讼权利。在法学界，有少数学者认为，在行政诉讼撤诉制度中，不应赋予被告相应的诉讼权利。他们的理由主要有两个方面：一是撤诉是对诉权的放弃，撤诉制度的主体应当是诉权的享有者，而行政诉权专属于原告享有，被告不享有行政诉权。诉权是一种程序性权利，原告依法处分不会对被告的实体权利产生影响。二是虽然从制度层面行政诉讼撤诉制度中被告没有参与，只是原告与法院的事情，但在实际运行的过程中被告庞大的身影处处可见，如再赋予被告相应的诉讼权利，不利于对行政相对人的合法权益进行保护，也与我国行政诉讼撤诉制度的现状不相符合。

但是，上述观点并没有得到多数学者的赞同，主张原告申请撤诉时应当赋予被告相应的诉讼权利是学术界的通说。一般认为，原告在被告应诉答辩前提出撤诉申请，对被告的意见不必征求，因为被告还未进行应诉答辩，几乎没有投入诉讼成本，也几乎未造成任何损失，法院投入的诉讼资源也不大，应当以尊重原告的意志为主要的原则。但是，原告如果提出撤诉申请是在被告应诉答辩之后，则必须征得被告的同意。理由主要有以下几点：一是被告已经进行了应诉答辩，意味着被告已

〔1〕郭小冬：“撤诉制度的有关问题初探”，载《河北法学》2000年第3期，第153页。

经付出了诉讼成本，法院也投入了较多的诉讼资源，如果原告申请撤诉不必经过被告的同意，就会使被告付出的诉讼成本没有任何利益，也浪费了法院有限的诉讼资源。二是被告进行了应诉答辩，是其履行诉讼义务的表现，理应享有相应的诉讼权利，否则就是没有权利的义务，是对权利义务相统一基本原理的明显违背。对被告在行政诉讼撤诉制度中的利益完全不予关注，也不符合行政诉讼程序公正价值的要求，并且行政诉权是行政诉讼双方当事人享有的权利，被告只是不享有起诉权而已，不能完全忽视对被告行政诉权的保护。三是对原告提出的撤诉申请，虽然多数情况下与被告心意相符，但并不全然如此。有的行政案件，原告起诉的被诉行政行为证据确凿、适用法律法规正确、程序合法，原告明显无理且必然败诉。被告在坚信被诉行政行为合法的条件下，很有可能对原告提出的撤诉申请并不同意，并不希望法院裁定准许原告撤诉而是希望法院判决原告败诉。这不仅是对无理起诉原告的一种否定，也是对被告所实施的行政行为在司法上的肯定和支持，有利于强化被诉行政行为的效力和推进依法行政。四是域外行政诉讼撤诉制度存在类似的规定。例如，在英国，不仅有时撤诉须经被告同意，而且被告对原告的撤诉通知书还享有向法院申请驳回的权利；在法国，如果原告在被告进行实质答辩之后提出撤诉申请的，不能仅仅需要法院准许，还必须征得被告的同意；在德国，如果行政案件的审理已经启动了言辞审理程序，原告只有在被告同意时才能从法院将诉讼撤回；在日本，原告提出撤诉申请时，如果进行了言辞辩论，或者被告在准备程序上作了陈述或就本案提出了准备书，原告的撤诉申请就应征得被告的同意。有学者将应经被告同意的撤诉称之为撤诉契约，认为撤诉契约的理论基础为意思自治原则的公法参透和经济性原则的诉讼体现。[1]

另外一个相关联的问题是，原告提出撤诉申请是否应以第三人无异议为条件。笔者认为没有必要，因为第三人在行政诉讼中并没有提出独立的诉讼，不存在独立的诉讼利益，其行为不应对行政诉讼法律关系的终止产生决定性的影响。对第三人合法权益的保护，通过法院对申请撤诉审查内容之一的“当事人申请撤诉不得损害他人的合法权益”进行审查就可以得到解决。

（4）法院对申请撤诉的审查内容。在学术界，就法院应否对当事人的撤诉申请进行实质审查以及审查的内容如何确定的问题，存在不同的意见。

不少的学者反对法院对当事人的撤诉申请进行实质审查。马怀德教授认为：“只要原告的撤诉请求不违反法律规定，人民法院就应当准许……原告不享有自由的撤诉权，法院对于违反国家利益社会公共利益的撤诉可以裁定不予准许，这种做法实际上限制了原告的撤诉权，也不利于行政争议的彻底解决。”[2]有学者认为，原告既然拥有起诉权，就必然拥有撤诉权，法院没有必要对其进行审查。[3]另有学者认为：“撤诉是原告对自己诉权的处分，人民法院无权干预，无需经过人民法院的审查和准许，这是由司法的中立性、被动性决定的。首先，限制撤诉制度违反当事人诉权自由处分原则……其次，限制撤诉制度违反司法中立原则……再次，限制撤诉制度难以担当实现立法目标的重任……另外，法律上的限制撤诉与实践中法院撤诉审查

〔1〕 刘若楠：“我国撤诉契约初探”，载《牡丹江大学学报》2017年第4期，第86页。

〔2〕 马怀德主编：《司法改革与行政诉讼制度的完善——〈行政诉讼法〉修改建议稿及理由说明书》，中国政法大学出版社2004年版，第329页。

〔3〕 张乃慈：“浅析行政诉讼撤诉制度在实践中的应用”，载《法学杂志》1991年第2期，第26页。

权虚置的悖论，直接导致了非正常撤诉大行其道。最后，为原告规避法律提供了可乘之机。”〔1〕还有学者认为，对原告提出的撤诉申请，“在通常情况下，法院应准予撤诉。主要理由如下：其一，从当事人角度看，在诉讼中，应以当事人为中心主体……其二，从诉讼成本和诉讼效益的角度来看，如果不允许受侵害的当事人撤回诉讼，有可能加重当事人的诉讼负担……其三，从审判实践来看，允许当事人撤回诉讼，有助于化解矛盾，也有助于在全社会树立和维护人民法院和人民法官的权威和形象。”〔2〕除上述观点外，有的学者还认为，法院对当事人申请撤诉行使实质审查权，不符合诉讼公正的价值目标。在行政诉讼过程中，如果当事人不想继续进行诉讼或者认为没有必要继续进行诉讼而提出撤诉申请，法院可行使实质审查权予以否定，这实际上是为了保护一方利益而使相对方受到不公平的待遇。此外，法院对当事人申请撤诉行使实质审查权，与“无诉即无审判”的原理是相违背的，并且也取代了当事人本人对自己权益的判断，其结果也并非当事人所愿。但是，在学术界，仍有很多学者赞同法院对当事人的撤诉申请行使实质审查权。早在《行政诉讼法》颁布之初，罗豪才教授和应松年教授就指出：“行政诉讼法上的撤诉与民事诉讼法上的撤诉略有不同。由于行政诉讼解决的中心问题是行政行为的合法性问题，由于行政机关不能处分国家的职权，由于原告处分自己的起诉权不能消除行政行为的违法状态，因此，行政诉讼中原告的撤诉权受到更多的限制。”〔3〕

〔1〕 解志勇：“行政诉讼撤诉：问题与对策”，载《行政法学研究》2010 年第 2 期，第 39~40 页。

〔2〕 唐芬：“行政诉讼撤诉制度探析”，载《重庆师范大学学报（哲学社会科学版）》2006 年第 6 期，第 98~99 页。

〔3〕 罗豪才、应松年主编：《行政诉讼法学》，中国政法大学出版社 1990 年版，第 219~220 页。

张显伟教授从四个方面论述了法院对当事人的撤诉申请进行实质审查所具有的足够的正当性：“①对撤诉申请予以审查是达到行政诉讼宗旨的必然要求……②对撤诉申请予以审查是塑造行政审判权威的必然要求……③对撤诉申请予以审查是保障诉讼程序公正、公平的必然要求……④对撤诉申请予以审查是力避非正常撤诉现象的必然要求……”〔1〕笔者赞同法院对当事人的撤诉申请行使实质审查权的观点，除上述学者主张的理由外，还有以下几方面的依据：首先，在行政诉讼撤诉制度中，撤诉审查机制是其重要的组成部分。对当事人提出的撤诉申请，法院行使实质审查权，是对当事人实施的申请撤诉这一诉讼行为进行的必要规制，有利于行政诉讼撤诉制度的健康发展。其次，法院对当事人的撤诉申请行使实质审查权，有利于充分发挥法院在诉讼中维护法律秩序的作用，有利于树立司法权威，是行政诉讼中法院依法监督行政机关行使职权的行政诉讼目的的体现，有利于从根本上保障行政相对人正当地行使行政诉权，有利于保护行政相对人的合法权益。最后，对当事人的撤诉申请由法院行使实质审查权，是使行政诉讼撤诉正常化的必要途径。虽然申请撤诉体现了当事人处分权的行使，但依据行政诉讼撤诉制度改革的处分权与审判权平衡的原则，对当事人行使申请撤诉这一处分权应当进行必要的国家干预，当事人申请撤诉的处分行为应当受到一定的限制。需要指出的是，在英美法系国家，并未明确规定撤诉的要件，没有相关法规要求对撤诉申请法院如何审查和以什么标准审查，而是给予法官足够的自由裁量权。这与英美法系的政治体制与法制环境有关，因为即使让法官自由裁量，也能够确保原告的合法权益，少有不公平的现

〔1〕 张显伟：“论对行政诉讼撤诉申请的审查”，载《行政法学研究》2009年第3期，第42~43页。

象发生。

关于法院对当事人的撤诉申请进行审查的内容，学者们也存在意见的分歧，争议的焦点在于法院应否审查被诉行政行为的合法性。2008 年 1 月 31 日，最高人民法院发布了《关于认真贯彻执行〈关于行政诉讼撤诉若干问题的规定〉的通知》，对以当事人撤诉的方式结案予以鼓励和提倡，要求对合法性审查原则不能放弃或者排除。有学者认为，在对当事人的撤诉申请进行审查时，法院必须审查被诉行政行为的合法性。理由在于：一是法院准许当事人撤诉申请的前提为被诉行政行为合法。在被诉行政行为违法的状态下，如果法院准许当事人提出的撤诉申请，被诉行政行为违法的状态并未消除，不仅可能造成对当事人合法权益的侵害，还有可能对公共利益和他人的合法权益造成损害。二是法院对被诉行政行为违法的状态下准许当事人提出的撤诉申请，完全背离了《行政诉讼法》关于监督行政机关依法行使职权的目的。还有学者认为，在对当事人的撤诉申请进行审查时，依当事人的主观意愿、行政诉讼的阶段、行政纠纷的性质、行政行为所依据的规范性文件的效力层次、行政行为作出的程序、行政行为违法的明显程度以及行政行为改变与否，建立法院对被诉行政行为合法性审查的多元的行政诉讼撤诉审查机制。[1]笔者对上述主张不予赞同，认为对当事人提出的撤诉申请进行审查时，法院对被诉行政行为的合法性不必进行审查，理由是：第一，法院对原告撤诉申请的审查是对原告申请撤诉行为的审查，并不是对行政案件的审理。当事人提出撤诉申请，是要求将案件撤回，对已经起诉的行政案件，不再要求法院进行审理。在对撤诉申请进行审查时，如果法院审

〔1〕 张显伟："论对行政诉讼撤诉申请的审查"，载《行政法学研究》2009 年第 3 期，第 45 页。

查被诉行政行为的合法性，实际上就是在审理行政案件。这与当事人提出撤诉申请的目的是相冲突的，也不符合行政诉讼撤诉制度的宗旨。第二，在行政诉讼中，司法权是被动地对行政权实施监督，应以当事人提起行政诉讼为前提条件，实行不告不理的原则。提出撤诉申请，实际上是原告放弃了“告”的权利，法院也就失去了“理”的基础，对被诉行政行为的合法性进行审查就缺乏正当性的前提。对此，江必新和梁凤云法官指出：“如果当事人合法地放弃请求司法保护的权利，人民法院就丧失了对行政主体的行为的司法监督权限。”〔1〕还应当看到，法院在审查当事人提出的撤诉申请时不对被诉行政行为的合法性进行审查，被诉行政行为可能确实存在违法的情形。但是，对行政行为的监督是一个有机的系统，法院通过行政诉讼对行政行为实施监督，只是这个系统的一个环节，不能认为法院不实施监督，行政行为违法的状态就无法消除。法院只能依法实施被动的监督，对《行政诉讼法》规定的“监督行政机关行使职权”这一目的，法院只能在法律规定的范围内予以实现，否则法院的监督就有越权之嫌。事实上，对行政行为，除了司法监督，还有舆论监督和社会监督、行政机关内部的监督、政党的监督、权力机关的监督等多个环节。法院不是万能的，法院只能在其职权范围内依法实施监督。第三，在当事人提出撤诉申请时，在多数情况下，对行政案件法院并没有进行实体审理。对被诉行政行为合法性的判断，法院需要以法庭审理认定的证据和事实为依据，只能在案件审理完毕后才能确定。从道理上讲，如果法院在审查当事人的撤诉申请时要审查被诉行政行为的合法性，实际上就是要在行政案件审理完毕后才能确定是否

---

〔1〕江必新、梁凤云：《行政诉讼法理论与实务》（第3版）（下），法律出版社2016年版，第1205页。

准许当事人提出的撤诉申请，这明显在客观上是不能做到的，也不符合诉讼经济的原则。如果法院不在行政案件审理完毕后就判断被诉行政行为的合法性，就违反了行政行为公定力原理，因为依据行政行为的公定力，行政行为一经作出，在被有权机关撤销或者被宣布无效之前，被推定为合法有效。法院并未对被诉行政行为进行实质审理就判断行政行为违法，明显与行政行为的公定力原理不符。

在学术界，多数学者认为法院对当事人撤诉申请进行审查的内容包括两个方面：一是当事人申请撤诉，必须是自己真实的意思表示，不能受到被告行政机关和其他方面的外界压力；二是当事人申请撤诉，不得对国家利益、社会公共利益和他人的合法权益造成损害，不得对法律的禁止性规定予以违反。最高人民法院的甘文法官在论述法院对申请撤诉进行审查的必要性时，实际上对审查的内容作了说明。他认为，首先，原告处分诉权应当遵循自愿原则，对原告的撤诉行为是否自愿有必要进行审查；其次，在行政诉讼中，原告的撤诉行为可能导致公共利益的损害比民事诉讼体现得更加突出，对公共利益行政诉讼制度更应当加以考虑。〔1〕下面对这两方面的内容分别加以论述。

关于第一个方面的内容，由于行政诉讼的程序自由价值要求，在行政诉讼撤诉制度中要对当事人的意志自由和行为自由予以充分尊重，行政诉讼的公正价值要求侧重对原告的合法权益的保护，并且如果申请撤诉这一诉讼行为意思表示不真实则应当对其进行规制。因此，申请撤诉必须是出于自己真实的意思表示且由当事人自愿实施的行为，撤诉制度的本质属性和核

〔1〕 甘文：《行政诉讼法司法解释之评论——理由、观点与问题》，中国法制出版社2000年版，第109页。

心原则是自愿原则，当事人的撤诉申请是否是其真实的意思表示，是衡量撤诉是否合法有效的重要标尺，这一点在行政诉讼中尤为重要。行政诉讼不同于民事诉讼，民事诉讼的双方是平等的民事主体，当事人申请撤诉受到对方当事人欺骗、胁迫的情形较为少见。行政诉讼的双方则是行政相对人和行政机关，行政相对人处于服从和被管理的地位，行政机关拥有较大的行政权力，行政相对人作为原告受到行政机关的欺骗、胁迫而被迫申请撤诉的可能性较大。因此，在行政诉讼中，强调当事人申请撤诉必须是自己真实的意思表示比在民事诉讼中的价值和意义更大。判断当事人申请撤诉是否是自己真实意思表示的客观标准为当事人提出撤诉申请是否受到了被告行政机关和其他方面的外界压力。例如，当事人提起行政诉讼以后，作为被告的行政机关采取威胁、恐吓的手段或者作出虚假的承诺而导致当事人被迫或者错误地提出撤诉申请，有的行政机关甚至运用其他公权力部门迫使当事人提出撤诉申请。这种情形下，当事人申请撤诉的重要原因就是这些外界的压力，也就是说，如果这些外界压力不存在，当事人的撤诉申请就不会提出。因此，如果当事人受到了被告行政机关和其他方面的外界压力而提出撤诉申请，就应当认定当事人申请撤诉不是出于自己真实的意思表示。有学者认为，在审查当事人提出的撤诉申请时，“法院首先要审查撤诉的具体原因”。〔1〕笔者不同意这一观点，当事人提出撤诉申请如果不存在外界压力，而是因为自身心存压力、担心法院偏袒、害怕打击报复、考虑胜诉后也难以执行等因素，并不能认定为当事人提出的撤诉申请不是自己真实的意思表示。理由在于，当事人申请撤诉的动机是一种主观状态，如果当事

〔1〕黄学贤：“行政诉讼撤诉若干问题探讨”，载《法学》2010 年第 10 期，第 40 页。

人自身不言明是很难作出判断的，申请撤诉作为当事人行使处分权的体现也不能受到不必要的和过度的国家干预。

关于第二个方面的内容，实际上是关于撤诉行为合法性的审查。有学者认为，撤诉审查的标准包括不损害国家、集体和社会利益，存在着将保护公共利益的力度提高到保护个人利益之上的嫌疑；依现代法治的基本要求，应当对私权和公权平等地进行保护，作为中立裁判机构的法院，对个人权利和公共利益也应当平等地进行保护。〔1〕还有的学者认为，行政行为从性质上讲具有公定力，原告撤诉，就意味着不能再质疑被诉行政行为的效力，所以，撤诉行为本身并不会损害社会利益。笔者认为这种认识值得商榷。从我国的法治理念来看，个人利益应当服从国家利益、社会公共利益，如果撤诉的结果会使国家利益、社会公共利益受到损害，法院裁定准许当事人的撤诉申请就缺乏了正当性的基础。此外，依最高人民法院出台的《关于适用〈中华人民共和国民事诉讼法〉若干问题的意见》第161条、第190条的规定，在民事诉讼中，法院对于撤诉审查的内容之一是当事人是否有违反法律的行为，双方当事人是否串通损害国家和集体利益、社会公共利益及他人合法权益。行政诉讼与民事诉讼相比，与公共利益关联更大，更应对此进行审查。依据我国宪法的规定，个人在行使权利的时候，不仅不能损害国家的、社会的、集体的利益，而且也不能损害其他公民的合法的自由和利益，如果当事人申请撤诉可能对他人的合法权益造成损害，法院也不能准许。例如，法定代理人申请撤诉致使被代理人的利益受到损害的，法院就不能准许。此外，当事人申请撤诉还不得违反法律的禁止性规定。在我国台湾地区，如

〔1〕 唐芬："行政诉讼撤诉制度探析"，载《重庆师范大学学报（哲学社会科学版）》2006年第6期，第99页。

果法院认为原告起诉的案件撤诉后可能损害公共利益或者存在其他违法的情况，应当作出不准许撤诉的裁定或者在法院的终审判决书中予以说明。

（5）申请撤诉中某些特殊情形的处理。一般说来，在法院依法立案以后的整个诉讼过程中，当事人都有权申请撤诉，但是，对当事人申请撤诉是在作出先予执行的裁定以后法院是否准许的问题，学者们的意见存在分歧。第一种意见认为，对法院裁定先予执行的案件，当事人申请撤诉的，不应当予以准许。理由主要有以下几点：一是允许原告撤诉，对之前的先予执行的有效性就相应地被取消和否定。二是依执行回转这一强制执行措施中的补救措施的内在要求，法院采取了先予执行的措施，就必须作出生效的判决。三是虽然撤诉是原告的诉讼权利，但是这一权利的行使不能不受到任何限制，原告在行使这一权利时不能对被告或者其他人的合法权益造成损害。四是如果对原告撤诉予以允许，就丢弃了诉讼法上关于撤诉应有的必要的国家干预原则，实际上法院是跟随原告的意志而转移的。五是如果允许原告撤诉，在申请先予执行存在错误的情形下，就可能无法落实申请人赔偿被申请人因先予执行遭受财产损失的规定。第二种意见认为，对法院裁定先予执行的案件，只要当事人是在法律规定的范围之内行使申请撤诉的权利，没有违反申请撤诉的法定条件的，就应当予以准许。理由主要有两个方面：第一，在相当多的案件中，无所谓胜诉或者败诉，硬性地对先予执行正确与否作出界定可能会失去诉讼的本来意义，是诉讼资源的一种浪费；第二，先予执行不当时适用执行回转只是一种立法技术的需要，不能以可能适用执行回转为由否定对先予执行的案件适用撤诉制度。第三种意见认为，先予执行的裁定作出以后，是否准许原告撤诉不能一概而论，应当根据行政机关是否改变其行政行为，行政机关在法院裁定先予执行后是否自觉履行了给付义务、原告和被告是否达成了谅解，在法院裁定先予执行后已经履行了相应的给付时，对给付是否存在异议、法院是否发现给付可能存在错误、是否可能给国家利益、社会公共利益或者他人合法权益造成损失等不同的情况进行判断。[1]笔者认为，对先予执行案件的先予执行，完全不考虑其特殊性或者都不准许当事人申请撤诉是不恰当的，根据不同的情况来判断是否准许原告的撤诉申请的观点又过于复杂而在司法实践中不好操作。在行政诉讼过程中，对先予执行的案件，如果法院准许原告的撤诉申请，先予执行的裁定就应当丧失效力而不被执行。因此，对法院裁定先予执行的案件，应当兼顾对原告和被告双方意见的充分尊重，原告提出撤诉申请后，必须征得被告的同意。对法院作出财产保全后申请撤诉的处理，也应按上述相同的原则来处理。就国外的立法而言，英国的法律对在法院已经签发了临时性禁令或者任何当事人已经向法院提供了担保时原告提出的撤诉申请，同样规定了较为严格的条件。

被告对行政案件的管辖权提出异议时，受诉法院对原告的撤诉申请如何处理。对这一问题，有不同的意见。第一种意见认为，这种情况下受诉法院有权审查原告的撤诉申请并作出裁定。理由是，被告的管辖异议权因行政案件而发生，是建立在原告起诉的基础之上的，既然原告提出了撤诉申请，提出管辖异议就无必要。第二种意见认为，在被告提出管辖异议之后，如果管辖权的异议没有予以排除，受诉法院对这一案件是否享有管辖权还处于一种待定的状态，没有管辖权的法院是无权对案件行使审判权的。因此，只有在案件的管辖权异议确定以后，

〔1〕 江必新、梁凤云：《行政诉讼法理论与实务》（第3版）（下），法律出版社2016年版，第1274~1275页。

对案件享有管辖权的法院才能对原告的撤诉申请进行审查并作出裁定。笔者同意第二种意见，因为被告提出管辖异议后，会产生诉讼中止的效果，诉讼中止意味着法院应停止一切诉讼行为，也包括对原告的撤诉申请进行审查并作出裁定。

2. 科学地设计主动申请撤诉制度的程序规则

针对我国行政诉讼立法和司法解释的现状，建议对一般情况下主动申请撤诉制度的程序规则作如下设计：

（1）申请撤诉的方式。有学者认为，关于申请撤诉的方式，“无论是体现申请者的真实意思，还是有利于法院的审查，均应当规定书面申请的原则”。[1]原告申请撤诉一般应采用书面形式，这是为了强化原告申请撤诉的严肃性，确保申请撤诉程序的公正性，当然也有利于法院审查原告的撤诉申请。原告提出撤诉申请是在被告应诉答辩后，应按被告人数提交撤诉申请书副本，因为此时原告提出撤诉申请须经被告同意。在开庭审理过程中，当事人与法院的诉讼行为已经在法庭上会合进行，为了给当事人诉讼权利的行使提供便利，原告可以以口头的形式提出撤诉申请，并且这种口头申请经书记员记录在案后，与书面申请实际上具有相同的作用和效果。

上述申请撤诉方式的设计，与域外行政诉讼撤诉制度的相关做法也是大体一致的。例如，在英国，原告必须向法院提交撤诉通知书，并将撤诉通知书的副本向诉讼中的其他各方当事人予以送达；在日本，主动的撤诉一般以书面形式提出。

（2）被告对原告撤诉申请同意权行使的程序规则。为了规范原告申请撤诉时被告所享有的相应的诉讼权利的行使，可设计如下程序规则：原告在被告应诉答辩后提出撤诉申请的，法

〔1〕黄学贤：“行政诉讼撤诉若干问题探讨”，载《法学》2010 年第 10 期，第 43 页。

院应当在收到撤诉申请书之日起3日内将撤诉申请书副本送达被告，被告应在收到撤诉申请书副本之日起5日内书面提出是否同意原告撤诉申请的意见；逾期不提出的，视为同意。原告在开庭审理过程中口头提出撤诉申请的，法院应当当庭征求被告的意见，由书记员记入笔录；开庭审理时被告未到庭的，法院应将原告的口头撤诉申请笔录书面告知被告，由被告依对撤诉申请书副本的要求行使是否同意的权利。

在被告应诉答辩之前，原告撤诉申请的提出不必征得被告的同意，因此，这一程序规则只适用于原告在被告应诉答辩后提出撤诉申请的情形。其他法域行政诉讼撤诉制度对此种情形的撤诉也有相应的程序规则。例如，在英国，原告在向法院提交的撤诉通知书中，必须将其已经向诉讼中的其他各方当事人送达撤诉通知书的情况予以载明，如果其他当事人同意的，应将必要同意书副本附加于撤诉通知之中；在我国台湾地区，被告在收到原告的撤诉书状或者口头撤诉笔录之日起10日内不作答复的，视为被告同意原告的撤诉申请。

有学者认为，被告不同意原告提出的撤诉申请的，应当对不同意的理由和所依据的事实进行证明。在法国，被告也不能任意行使对原告撤诉申请的同意权，如果法院认为被告拒绝原告的撤诉申请只是基于自己利益的原因而没有任何正当的理由，为了防止被告滥用法律赋予的权利，可以强制被告接受原告提出的撤诉申请。但依笔者看来，对被告就原告提出的撤诉申请的同意，不必要求其提出理由和依据，只需有是否同意原告撤诉申请的意思表示即可。理由主要有两个方面：一是在司法实践中，被告不同意原告撤诉申请的情形不会多见；二是法院不必审查原告提出撤诉申请的具体原因，如果要求在被告不同意原告的撤诉申请时提出依据和理由，在诉讼权利与义务的配置上就会出现不平衡的状态。

（3）询问当事人和进行风险告知。这一程序规则是为了使原告慎重地行使申请撤诉的权利，使原告对撤诉进行理性的选择，使法院对撤诉申请的提出是否出于原告自己的真实意思表示进行切实的审查，有利于保护原告的合法权益，有利于真正彻底解决行政纠纷，也有利于减轻法院的责任负担。法院在裁定是否准许原告的撤诉申请前，必须询问原告，向原告告知撤诉的法律后果，审查撤诉申请是否是原告真实的意思表示，并应当将询问和告知情况制作笔录。

在大陆法系国家，在对原告撤诉是否准许之前，法官为了听取当事人本人的陈述，可以命令当事人本人到场。美国也存在类似的规则，法院命令撤诉得到成立的主要要件之一是进行了询问，即在裁量原告提出的撤诉申请时，法官对当事人应当进行必要的询问。询问当事人和风险告知程序设计的目的在于，防止原告提出撤诉申请是因为对撤诉法律后果的误解或是受到了外界的压力，确保原告是出于自己真实的意思表示提出了撤诉申请。这种程序设计可以避免实践中原告不知撤诉风险或者对撤诉风险产生误解的现象，有利于增强法院撤诉审查结果的公信力。

（4）法院作出是否准许撤诉裁定的时间、形式和内容。为了使原告的撤诉申请得到及时处理，在收到原告的撤诉申请之日起 15 日内，法院应当作出裁定。若不从时间上对法院作出是否准许撤诉的裁定提出要求，与行政诉讼的程序效益价值不符。对审查撤诉申请的期限作出如此规定，既可使法院有较充分的时间对原告的撤诉申请进行审查，又不至于因不准撤诉而耽误过多的时间而使诉讼拖延，或者因准许撤诉对原告再次起诉的行为产生严重的阻碍。

对法院作出是否准许撤诉裁定的形式和内容，行政诉讼法及司法解释没有作出任何规定。在司法实践中，备受青睐的是口头裁定，也不说明事实、理由和依据，优点在于简便易行。“一般比较普通的观点认为，准许或不准许撤诉，仅涉及诉讼程序问题，而不涉及案件的实体问题，故区别口头裁定与书面裁定的意义并不大。”〔1〕笔者不同意上述做法和主张。法院准许撤诉的裁定会有相应的法律后果的产生，对法院作出的不准许撤诉的裁定，当事人还享有请求进一步法律救济的权利。因此，无论法院作出的是准许撤诉还是不准许撤诉的裁定，不仅都应当采用书面形式，而且均应当说明事实、理由和依据并送达双方当事人。域外行政诉讼撤诉制度也存在类似的规则。例如，大陆法系国家大多规定，法院是否准许撤诉的裁定应当说明具体事实、依据及理由，将裁定书对与本案有利害关系的诉讼当事人予以送达或者通知。

（5）对法院不正当的准许撤诉行为的规制。非正常撤诉情形的出现，与法院不正当的准许撤诉行为存在很大的关联。法院对行政诉讼撤诉申请的审查和裁定是一种诉讼行为，应当受到必要的规制，否则，就有可能损害当事人的利益。法院不正当的准许撤诉行为主要有两种情形：一是法院因多种因素的影响，采取欺骗、胁迫等非法手段强迫或者变相强迫原告提出撤诉申请；二是法院为追求案件的结案数，积极寻求原告撤诉的途径，对原告的撤诉申请大多不加审查而裁定予以准许。

另外一个问题是，对法官而言，审判负荷最小的结案方式是撤诉结案，因为在现行法律制度的框架内，撤诉结案一般不会出现错案的问题，尤其是撤诉结案比一般结案工作量小，又

〔1〕 刘京柱、阳城：“行政案件撤诉率居高不下的原因及对策建议”，载《行政与法》1997年第4期，第36页。

能纳入结案量的统计范围，可以说是事半功倍。正是基于此，一些法官可能放弃对撤诉申请的审查权，实践中不准许撤诉的案件几乎并不存在。王福华教授指出："基于这样的情况，有必要改变法官的绩效考核指标，即撤诉不算结案，以使撤诉与各种结案方式相区别，不将撤诉纳入法院结案的统计范围。"[1]

### （二）因被告改变被诉行政行为原告同意并申请撤诉制度的改革

不少学者认为，法院可以对被告改变行政行为提出建议，并且在审查原告的撤诉申请时，对被告改变的行政行为的合法性应当进行审查。例如，黄学贤教授认为："从有效化解行政纠纷，减少诉讼的角度讲，被告改变具体行政行为原告同意而申请撤诉，法院应当对改变后的具体行政行为进行审查。即使原告不撤诉，法院也应当对改变后的具体行政行为进行审查，并要赋予与审查结论相应的法律效力。而且在原告不撤诉的情况下，法院就改变后的具体行政行为的审查，其意义要大于对原具体行政行为的审查。这无论从将要对当事人产生实际影响，还是将有可能引起新的诉讼的角度来讲，其理由同样是显而易见的。"[2]这些学者所持的理由主要有：一是被告改变被诉行政行为，属于被告主动纠正自己的错误，法律对被告的这种行为不应当予以禁止。二是因被告改变被诉行政行为原告申请撤诉的，被告改变后的行政行为应当视为撤诉行为的一个组成部分。法院可以对被告改变行政行为提出建议，并且在审查原告的撤诉申请时，对被告改变的行政行为的合法性应当进行审查，这

〔1〕 王福华："正当化撤诉"，载《法律科学（西北政法大学学报）》2006年第2期，第113页。

〔2〕 黄学贤："行政诉讼撤诉若干问题探讨"，载《法学》2010年第10期，第41页。

是为了确保原告是出于自己真实的意思表示提出撤诉申请，对被告改变后的行政行为的持续性和稳定性提供了保证，确保了原告对法院和行政机关的信赖利益，有利于避免被告的不诚信行为，有利于维护程序的安定，也是行政诉讼撤诉制度得以实施的根本条件。三是被告改变被诉行政行为，虽然是作出了一个与被诉行政行为不同的新的行政行为，但这一行政行为是在行政诉讼过程中作出的，在一定程度上可以视为被诉行政行为的延伸，并非是与被诉行政行为毫无关联的孤立的行政行为，其受到了行政诉讼的深刻影响，带有行政诉讼的明显痕迹。〔1〕从监督行政的立法目的而言，不应否认对被告改变后的行政行为进行合法性审查。四是在行政诉讼中，诉讼标的为被诉行政行为，理应受到法院的监督。如果被告要改变作为诉讼标的的被诉行政行为，应当得到法院的同意，否则，就可能使行政诉讼的诉讼标的处于不确定的状态。五是在审查原告撤诉申请时，法院审查原告申请撤诉的自愿性和程序合法性，不审查被告改变后的行政行为，在行政诉讼中，被告对单方面变更诉讼标的予以允许，不符合行政诉讼双方当事人法律地位平等的原则，有可能使原告的合法权益进一步受到损害，还有可能对社会公共利益和他人的合法权益产生新的损害。

主张法院可以对被告改变行政行为提出建议并且法院在审查原告的撤诉申请时，对被告改变的行政行为的合法性应当进行审查的学者，对因被告改变被诉行政行为原告同意并申请撤诉制度的改革主要提出了以下意见：一是要明确法院行使建议权的形式和效力。为了确保法律的规范性和严肃性，法院的建议应当采用书面的形式。这种建议不同于司法建议的效力，与

〔1〕 黄学贤："行政诉讼中被告改变具体行政行为研究的学术梳理"，载《法治研究》2010年第12期，第25页。

行政管理过程中行政指导的作用大体相当；如果被告对法院的建议不予接受，法院无权对被告采取不利的措施。二是要明确法院建议行使权的次数和被告改变行政行为的最长时限。为了及时解决行政争议和保护原告的合法权益，法院对被告改变行政行为建议权行使的次数不得超过两次。被告改变行政行为的最长时限宜规定为15天。这种时限的设定，既不会过于拖延行政案件审理程序的正常进行，也能保证被告改变行政行为履行应有的法定程序。三是要规定法院建议被告改变被诉行政行为的具体情形。有学者认为，无效、撤销、废止是行政行为效力终止的三种原因。对撤销、废止的行政行为，被告可以改变，但不能改变无效的行政行为，因为无效的行政行为相对于撤销、废止的行政行为而言，违法情形较为明显，违法情节较为严重，如果允许被告改变而不是依法确认无效，无法对被告起到警醒作用，不利于促进行政机关依法行政。另有学者认为，对明显违法的行政行为，法院可以建议被告予以改变，对不明显的行政行为，法院则不享有被告改变的建议权。四是要就法院对被告改变被诉行政行为的程序性监督作出具体规定。被告改变被诉行政行为后，应当将改变后的行政行为的具体内容、作出该行政行为的事实根据和法律依据一并书面告知法院，并且要明确被告不履行书面告知义务的法律后果以及救济途径。有学者指出："被告在裁量范围内改变被诉行政行为应当受到法院监督，因为被告违反法律授权的目的，任意行使职权属于滥用职权的行为，法院可以对被告滥用职权的行为予以撤销和变更。"〔1〕

笔者不同意上述主张，认为法院在行政诉讼中不能建议被告改变被诉行政行为，法院在审查原告的撤诉申请时，也不能

〔1〕阎桂芳："行政诉讼撤诉制度研究"，载《中国海洋大学学报（社会科学版）》2007年第6期，第53页。

对被告改变的行政行为进行合法性审查。

法院之所以在行政诉讼中不能对被告改变行政行为提出建议，理由在于：其一，在法律上对行政机关改变被诉行政行为存在限制。在一般情况而言，法律不会禁止人们主动地纠正错误，但考虑到维护行政管理秩序的稳定性和行政权威，行政机关并不能任意改变其行政行为。为了稳定行政秩序和落实信赖保护原则，行政行为具有确定力，行政机关非依法定程序和依法定事由不得随意改变。行政行为的改变，是基于行政行为的错误和违法。从行政法的理论来看，行政机关可以依法更正因误写和误算、表达不明、机械故障等原因致使行政机关的意思表示不真实的错误行政行为。行政行为违法，可以分为明显轻微的违法、一般的违法以及重大而明显的违法。对明显轻微的违法行政行为，行政机关可依职权或者依申请予以补正。对一般的违法行政行为，应依当事人的申请由有权的国家机关予以撤销。重大而明显的违法行政行为，是无效的行政行为，自始不发生法律效力，不存在改变的问题。在实践中，如果允许行政机关可以任意地改变行政行为，无形中等于承认了行政机关可以随意执法，这与依法行政的要求是明显相背离的。其二，法院建议被告改变被诉行政行为，不符合行政行为公定力的理论，还有可能有损司法权威。行政行为一经作出，依行政行为的公定力原理，在被有权机关依法撤销之前，被推定为合法有效。法院在审查原告的撤诉申请时建议被告改变被诉行政行为，此时行政案件尚未审理完毕，被诉行政行为也未被依法撤销，法院怎么能建议行政机关改变被推定为合法有效的被诉行政行为呢？从司法实践中的情况来看，法院这种建议权的行使可能受到被告的漠视而置之不理，但法院对此毫无办法，因而影响了司法的权威性。其三，被告的被诉行政行为已经系属于行政诉讼，法院建议被告改变，不利于诉讼程序的稳定，不符合行政诉讼秩序价值的要求，只会给诉讼带来负面的影响。

在法院审查原告的撤诉申请时，之所以不能对原告未起诉的被告改变的行政行为进行合法性审查，是因为：一是司法权是被动的，行政诉讼实行的是不告不理的原则。行政相对人对被告改变的行政行为并没有提起行政诉讼。如果法院对这种行政行为的合法性进行审查，实际上就是“不告而理”，违背了诉讼的性质和原理。“人民法院不能对一个未经起诉的行政行为行使监督权，即使行政行为违法。”〔1〕二是申请撤诉是专属于行政诉讼原告的行为，被告改变后的行政行为不能视为撤诉行为的组成部分，否则，就是对行政诉讼撤诉制度的明显歪曲。三是改变行政行为是在被诉行政行为的基础上进行的，但是，被告改变了被诉行政行为，如果行政相对人未对改变后的行政行为提起行政诉讼，被告对被诉行政行为的改变并不是对行政诉讼中诉讼标的的变更。行政诉讼的诉讼标的，是原告据以提起行政诉讼的行政行为或者事项，并不仅仅指法院审理和裁判的对象，而是原告在行政诉讼程序中所要攻击的对象。因此，行政诉讼的诉讼标的受处分原则的支配，是依原告的意志而主观存在的。被告改变被诉行政行为，如果对原告的合法权益进一步造成了损害，原告可以就被告改变的行政行为另行提起行政诉讼。这是一个新的诉讼，因而法院在原告撤诉时并不能主动审查原告未起诉的被告改变的行政行为的合法性。四是法院在审查原告申请撤诉时，如果审查原告未起诉的被告改变后的行政行为，无法对被告在诉讼中实施的欺诈行为给原告以有效的救济。如果被告不实施原告满意且法院认为合法的改变后的行政

〔1〕江必新、梁凤云：《行政诉讼法理论与实务》（第3版）（下），法律出版社2016年版，第1205页。

行为，原告和法院往往对此无可奈何。

根据上述分析，笔者的建议是：既然在行政诉讼中法院不能建议被告改变被诉行政行为，在审查原告撤诉申请时也不能对原告未起诉的被告改变的行政行为的合法性进行审查。因此，申请撤诉制度就只包括主动申请撤诉，因被告改变行政行为原告同意而申请撤诉不必作为一种独立的撤诉制度而存在，只需适用主动申请撤诉制度的有关规定。事实上，因被告改变被诉行政行为原告同意并申请撤诉的，只是原告申请撤诉的原因之一。对原告申请撤诉的具体原因，法院不必深究。从域外立法来看，我们也无法找到因被告改变被诉行政行为原告同意并申请撤诉作为一种独立的撤诉制度的规定。

（三）拟制撤诉制度的改革

1. 严格原告不按法院要求进行诉讼行为可按撤诉处理的条件

在拟制撤诉制度中，当事人没有明确的申请撤诉的意思表示，却产生与申请撤诉相同的法律后果，因此，法院应当十分谨慎地适用对原告默示行为作为意思表示的推断，否则，将会对原告合法权益的保护产生不利的影响。笔者认为，“经人民法院传票传唤，原告无正当理由拒不到庭，或者未经法庭许可中途退庭的”只是可以按撤诉处理的条件之一，还需“法院应当向原告送达按法院要求进行诉讼行为的通知，原告收到法院通知后一个月内仍不按法院要求进行诉讼行为”，才可以按撤诉处理。这样，就较为充分地保证了原告不按法院的要求进行诉讼行为与原告撤回诉讼法律上推定的一致性。从域外行政诉讼制度来看，也存在类似的规则。在法国，有所谓的默示撤诉，即法院受理原告提起的诉讼以后，原告不按法官规定的时间提出书状或者不回答问题，不配合审判，经法院催告一次仍不配合，法院可以对原告的这种不配合的不作为视为撤回诉讼。德国行政诉讼中的视为撤诉，是指原告如果不顾法院的促请，超过3个月不进行诉讼程序，法院应当对此通过裁定来作出决定，视为撤诉。日本行政诉讼制度中也有拟制撤诉的规定，即双方当事人在第一审程序的口头辩论日没有到庭，或者虽然出庭但没有辩论或陈述就退庭，而在此后一个月内不申请期日指定，或者双方当事人连续两次在口头辩论日不出庭时，视为撤诉。

### 2. 明确拟制撤诉制度中法院应按主动申请撤诉的条件和程序规则依法进行审查

与申请撤诉相比，拟制撤诉只是撤诉的意思表示形式不一样，前者为明示形式，后者为默示形式。两者不仅在法律效果方面是相同的，在法院的审查方面也不应当存在差异。这一问题的明确，有利于纠正人们认识上的误差，有利于行政诉讼撤诉制度的正确实施。

### 3. 将原告未依法解决预交案件受理费的情形排除在拟制撤诉制度之外

原告依法预交案件受理费，与当事人适格和案件的管辖等一样，属于诉讼要件的范畴。将原告未依法解决预交案件受理费的情形纳入拟制撤诉制度之中，“显然属于缺乏诉讼要件认知统一性的后果，其违背了诉讼要件的程序性运行机理，应当予以重新矫正和归位”。[1]既然未依法解决预交案件受理费的问题属于诉讼要件的范畴，原告在起诉后没有依法解决案件受理费问题的，应当视为原告的起诉因欠缺诉讼要件而不具有合法性，法院应当作出不予立案或者驳回起诉的裁定。法院对此种情形使用不予立案或者驳回起诉的裁定来处理，对于处理在依法解

〔1〕李潇潇：“民事一审撤诉的类型化研究”，载《华东政法大学学报》2015年第4期，第106页。

决预交诉讼费用问题后原告或者上诉人在法定期限内再次起诉时法院的受理问题也是顺理成章的事情。[1]

(四) 撤诉法律后果制度的改革

1. 法院裁定准许撤诉或按撤诉处理法律后果制度的改革

在拟制撤诉制度中裁定按撤诉处理与主动申请撤诉制度中裁定准许撤诉，只是针对不同的情形法院作出的将案件撤诉的决定，两者在法律后果上应当基本上是相同的。

(1) 法院裁定准许撤诉或按撤诉处理后原告重新起诉的规则。据学者们的分析，我国现行行政诉讼有关司法解释规定原告撤诉后不得以同一事实和理由重新起诉的理由在于：一是对撤诉行为原告应当负责；二是法院裁定准许原告撤诉经过了依法审查，如果原告撤诉以后允许其以同一事实和理由重新起诉，有损司法的权威，也有失法律的严肃性；三是不允许原告撤诉后以同一事实和理由重新起诉，有利于防止原告滥用撤诉的权利。[2]如果上述理由能够成立，它们不仅适用于行政诉讼，而且也应当同样适用于民事诉讼。但是，为什么在民事诉讼立法及司法解释中允许原告撤诉后可以再次起诉呢？结论只有一个，即上述理由不具有正当性。在诉讼法学理论上，法院裁判既判力的形成是阻止当事人重新起诉的唯一依据。法院准许撤诉或按撤诉处理裁定的作出，并没有判断当事人之间的诉讼标的，因而其既判力尚未产生，不具有阻止当事人重新起诉的效力。如果法院裁定准许撤诉或按撤诉处理后，不允许原告以同一事实和理由重新起诉，在逻辑上就与既判力理论形成了冲突。还

---

[1] 《若干解释》第37条第2句规定："在按撤诉处理后，原告或者上诉人在法定期限内再次起诉或者上诉，并依法解决诉讼费预交问题的，人民法院应予受理。"

[2] 张步洪、王万华编著：《行政诉讼法律解释与判例述评》，中国法制出版社2000年版，第355页。

有学者认为，不允许行政诉讼撤诉的原告以同一事实和理由重新起诉，是考虑“在法院准许原告撤诉后，行政机关即可依法申请法院强制执行具体行政行为，如果允许原告撤诉后以同一事实和理由重新起诉，便会造成行政管理活动处于不连续、不稳定状态”。[1]这种观点仅考虑了行政效率和行政法律秩序的维护，忽视了对行政相对人合法权益的司法救济，不符合行政诉讼目的的要求。从域外行政诉讼撤诉制度来看，虽然各国由于政治制度、经济制度、文化制度的差异，行政诉讼撤诉制度的设计并不完全相同，但在行政诉讼原告撤诉以后能否重新起诉的问题上都持肯定态度，反映了法治发达国家充分保护原告行政诉权的立法态度。例如，在英国，在一般情况下，原告可以在撤诉后重新起诉。依据美国法律的规定，原告第一次撤诉以后，并不表明原告放弃了实体权利，原告可以就同一事实和理由再次提起诉讼。在法国，认为撤诉没有舍弃诉权，既然撤诉没有舍弃诉权，原告当然可以再次行使自己的诉权，请求法院救济。在德国，撤诉只是表明原告对程序上权利的放弃，并不包括在实体法上产生影响的放弃，原告在撤诉后可以依法重新提起诉讼。日本的法律规定，撤诉并不意味着原告放弃自己的诉权，诉讼的撤回视为本案自始未系属，原告可以依法提起新的诉讼。

法院裁定准许撤诉或按撤诉处理后，虽然原告可以以同一事实和理由重新起诉，但也不能完全没有限制，否则，对于诉讼程序的安定和行政管理秩序的稳定不利，也不符合行政诉讼解决行政争议的诉讼目的。域外立法对这种限制的规定不完全相同。例如，美国规定重新起诉只能一次；德国和日本规定重

---

〔1〕 张树义主编：《寻求行政诉讼制度发展的良性循环》，中国政法大学出版社 2000 年版，第 179 页。

新起诉只能在起诉期限内提出。从学者们的观点来看，有的主张借鉴美国的规定，有的主张借鉴德国和日本的规定，也有的主张同时借鉴美国以及德国和日本的规定。依笔者看来，借鉴德国和日本的规定更具有合理性，更符合我国的实际情况，因为只要原告在法定起诉期限内重新起诉，在法律上就没有限制原告重新起诉的正当理由，并且我国《行政诉讼法》修改后虽然对起诉期限的规定有所延长，但总体上明显短于民法上的诉讼时效，允许原告撤诉后在法定起诉期限内以同一事实和理由重新起诉，不会出现原告滥用撤诉权和起诉权而多次重新起诉的情形。

对原告撤诉后以同一事实和理由在法定起诉期限内重新起诉予以允许，会涉及法院裁定准许撤诉或按撤诉处理是否引起行政诉讼法定起诉期限中断的问题。就民事审判领域而言，撤诉是否引起诉讼时效的中断，主要有不中断说、绝对中断说和有条件中断说，实务中总体偏向于中断说。〔1〕但是，在行政诉讼中，法院作出准许撤诉或按撤诉处理的裁定，不能引起行政诉讼法定起诉期限的中断。与民事诉讼不同，行政诉讼涉及行政管理秩序的维护，如果撤诉引起行政诉讼法定起诉期限的中断，就可能导致行政管理秩序长期处于不稳定的状态。因此，在行政诉讼中，法院裁定准许撤诉或按撤诉处理后，原告可以以同一事实和理由在法定起诉期限内重新起诉，重新起诉的法定起诉期限不因撤诉而中断，适用行政诉讼起诉期限的一般规则。这样的规则设计，还可以使原告更加理性地行使自己申请撤诉的权利，特别是案件审理进入较深的程序时，原告在申请撤诉时务必考虑只能在有限的法定期限内重新起诉的问题，甚

〔1〕霍海红："撤诉的诉讼时效后果"，载《法律科学（西北政法大学学报）》2014年第5期，第90页。

至还要考虑撤诉时法定起诉期限是否已经超过而有无重新起诉权利的问题，从而会更加慎重地作出是否申请撤诉的决定，这对于节省有限的司法资源是明显有利的。

（2）对法院准许撤诉或按撤诉处理裁定申请再审的规则。法院裁定准许撤诉或按撤诉处理后，当事人有证据证明准许撤诉或按撤诉处理的裁定有下列情形之一的，向法院申请再审，法院应当再审，再审后认定原准许撤诉或按撤诉处理的裁定确有错误，对原准许撤诉或按撤诉处理的裁定予以撤销，对案件继续进行审理：一是申请撤诉不是当事人自己真实的意思表示的，或者原告不存在按撤诉处理情形的；二是准许撤诉或按撤诉处理对国家利益、社会公共利益和他人合法权益造成损害的，或者违反法律的禁止性规定的；三是在被告应诉答辩后，法院准许撤诉或按撤诉处理未征得被告同意的；四是法院作出准许撤诉裁定前，未询问申请撤诉的原告和对申请撤诉的原告未进行风险告知的。

有学者认为，司法解释虽然规定了对确有错误的准许撤诉的裁定可以申请再审，但申请再审不一定能启动再审程序，加之原告力量微弱，这种救济对原告合法权益的保护很可能相当于空谈，因此，应当赋予当事人对准许撤诉或按撤诉处理的裁定提起上诉或者申请复议的权利。但依笔者看来，如果规定撤诉后原告有权以同一事实和理由重新起诉，且规定在被告应诉答辩后原告提出的撤诉申请须经被告同意，当事人双方的权利通过申请再审的方式能够得到足够的保护的，没有必要再赋予当事人对准许撤诉或按撤诉处理的裁定提起上诉或者申请复议的权利。

2. 法院裁定不准撤诉或法院不按撤诉处理法律后果制度的改革

对这一问题，宜明确以下规则：一是法院裁定不准撤诉或法院不按撤诉处理，应当继续依法对案件进行审理，及时作出裁判。二是对法院不准许撤诉裁定的法律救济。行政诉讼撤诉作为一种诉讼行为，如果不具备救济性的特征，就达不到实施诉讼行为以救济当事人利益的目的。有学者认为，应当赋予当事人对法院不准许撤诉裁定的上诉权，因为“没有救济，就没有权利”，这种上诉权的赋予是对当事人双方合法权益予以维护的要求。但笔者认为，赋予当事人对法院不准许撤诉裁定的上诉权，会阻碍行政诉讼程序的正常进行。事实上，赋予当事人对法院不准许撤诉的裁定向上一级法院申请复议的权利，就可以对当事人的合法权益提供足够的保护。三是法院裁定不准撤诉或法院不按撤诉处理，经法院传票传唤，原告无正当理由拒不到庭，或者未经法庭许可中途退庭的，法院可以缺席判决。

（五）第二审程序和再审程序中撤诉制度的改革

在行政诉讼中，对第二审程序和再审程序中的撤诉制度，笔者建议制定如下规则：

1. 法律适用规则

从行政诉讼立法来看，第一审程序是整个行政诉讼程序的基础和中心，第二审程序和再审程序只是就某些特殊规则作出规定，行政诉讼撤诉制度也不例外。因此，第二审程序和再审程序中的撤诉制度，除另有规定外，应适用第一审程序撤诉制度的规定。

行政诉讼撤诉制度，虽然在不同审级的程序中存在区别，但多数内容是可以在不同审级的程序中共同适用的。明确“第二审程序和再审程序中的撤诉制度，除另有规定外，适用第一审程序撤诉制度的规定”，可以使法院在第二审程序和再审程序中处理撤诉问题时找到明确的依据。

2. 申请主体

对这一问题，学者们的认识存在差异。有学者认为，应当允许原告在二审中撤回起诉，理由在于：申请撤诉符合对诉权处分的性质，是当事人行使诉权的体现。处分原则应当作为行政诉讼的基本原则，贯穿于行政诉讼的整个过程，行政诉权同样贯穿于行政诉讼的整个过程，因此，申请撤诉权也理应存在于诉讼的各个阶段，只要在法院生效裁判作出之前，都可以行使。此外，撤诉与诉讼程序的结束具有十分密切的联系，只要法院的裁判没有最终生效，就意味着诉讼程序并没有结束，当事人不受到法院裁判的约束，申请撤诉不会损害国家的司法权，并且也顺应了我国司法改革提出的当事人主义的潮流。有学者明确指出，在二审中允许原告撤回起诉的法理依据在于："①完整的撤诉制度是处分权主义的基本要求……②撤诉的应有内涵决定直至判决确定之前原告均应享有撤诉权"。〔1〕有学者认为，原审原告二审中可撤诉，有利于保护各方当事人的合法权益，不会损害其他当事人的合法权益，符合意思自治的基本原则。〔2〕

笔者不同意上述主张，在第二审程序和再审程序中，只有上诉人或者申请再审人才有权申请撤回上诉或者撤回再审申请，第一审程序的原告在第二审程序和再审程序中不得撤回起诉，也不得对其适用拟制撤诉制度。理由在于：其一，撤回诉讼是以启动诉讼为前提的，谁启动了诉讼，谁才有权撤回诉讼，启动诉讼与撤回诉讼之间必然存在一种对应关系。第二审程序因

〔1〕林剑锋："设定与限制：论民事上诉审中的撤诉"，载《中外法学》2015年第3期，第817~818页。

〔2〕吴克坤："部分当事人下落不明——原审原告二审中可撤诉"，载《人民法院报》2016年8月25日。

当事人提起上诉而启动，再审程序因当事人申请再审而启动，撤回上诉或者撤回再审申请的权利也只能由上诉人或者再审申请人来行使。原告提起诉讼引发了第一审程序，上诉人提起上诉引发了第二审程序，再审申请人申请再审引发了再审程序，原告提起诉讼和撤回诉讼，上诉人提起上诉和撤回上诉，再审申请人申请再审和撤回再审申请，都是其行使处分权的行为，但这种行为只能在相应的第一审程序、第二审程序和再审程序中行使，不能跨越程序行使。其二，原告与上诉人、再审申请人可能是同一主体，也可能不是同一主体。在第二审程序或者再审程序中，处于主动地位的是上诉人或者再审申请人。因上诉人提起上诉或者再审申请人申请再审引发第二审程序或者再审程序的发生，也因上诉人撤回上诉或者再审申请人撤回再审申请导致第二审程序或者再审程序的结束。如果允许原告在第二审程序或者再审程序中撤回起诉，在上诉人或者再审申请人不是一审原告的情况下，一审原告撤回起诉，实际上也依其意志使第二审程序或者再审程序予以终结，这样，就会使上诉人行使的上诉权和再审申请人行使的申请再审权在法律上丧失意义，对上诉人和再审申请人的诉讼权利和实体权利产生侵害，在程序上可能出现无法解决的问题。即使上诉人或者再审申请人与一审原告为同一人，也不能允许一审原告在第二审程序或者再审程序中撤回起诉，因为此时原告撤回起诉不符合时间条件，而且也可能使一审败诉、二审或者再审也可能败诉的原告利用这一权利来否定一审法院或者原终审法院的判决，法院投入的司法资源和对方当事人已经进行的攻击防御就有被浪费和被虚置的危险。其三，在第二审程序和再审程序中允许原告撤回起诉，没有考虑到一审判决和原生效判决的利益，法院裁判的结果也可能不伦不类。起诉引发第一审程序，撤回起诉理应由一审法院负责审查，在第二审程序和再审程序中原告撤回起诉，二审法院或者再审法院就越级进行了应由一审法院审查的程序。案件进入了第二审程序或者再审程序，第一审判决或者原生效判决已经作出，如果一审原告撤回起诉，一审判决或者原生效判决的利益就容易被忽视，甚至也无法对其作出合理的裁判。

有学者认为，在再审程序中，在法院裁定准许再审之前，再审申请人有权撤回再审申请，但在案件被法院裁定准许再审进入了实质审理程序之后，就不允许再审申请人撤回再审申请。理由在于，法院裁定准许再审，意味着原生效裁判可能存在错误，如果对再审申请人撤回再审申请予以准许，就无法对法院生效裁判的错误予以纠正。笔者不赞同这一主张，以案件进入实质审理程序不允许再审申请人撤回再审申请是不恰当的。法院裁定准许再审之前再审申请人有权撤回再审申请，符合程序的终局性价值应当优先于程序的纠错价值的诉讼理念。如果不允许再审申请人撤回再审申请而终结再审诉讼，再审程序继续运行是否有意义也存在疑问，并且当事人可能不服再审裁判而致使新的矛盾引发。再审程序的纠错功能是有限的，即使原生效裁判存在错误，只要不损害国家利益、社会公共利益和他人的合法权益，不违反法律的禁止性规定，在法院裁定准予再审后，也应当允许再审申请人撤回再审申请，否则，就是对当事人处分权的不当干预。

3. 双方当事人都提出上诉或者申请再审时撤诉的处理

与第一审程序不同，在第二审程序和再审程序中，双方当事人可能都提起上诉或者申请再审，此时就应该注重对双方当事人权利的平等保护。如果申请撤回上诉或者撤回再审申请只有一方当事人，另一方当事人并不撤回，对另一方当事人提起上诉或者申请再审的案件，法院仍应按第二审程序或者再审程序审理。

### 4. 检察机关抗诉或提出再审检察建议而启动，或者由法院依职权启动时撤回诉讼的处理

依《行政诉讼法》的规定，再审程序的启动方式除了再审申请人申请再审外，还有检察机关抗诉或提出再审检察建议而启动，或者由法院依职权启动。

对检察机关依当事人申请提出再审检察建议或抗诉的案件，提出再审检察建议或抗诉申请的当事人能否向法院撤回再审案件？2001年最高人民法院发布的《全国审判监督工作座谈会关于当前审判监督工作若干问题的纪要》第20条规定，经依法传唤，向抗诉机关申诉的一方当事人无正当理由不到庭或者表示撤回申请的，应建议检察机关撤回抗诉，抗诉机关同意的，按撤诉处理，作出裁定书。因为从法律关系的角度来讲，申请再审检察建议或抗诉的当事人应当向检察机关申请撤回，由检察机关对申请进行处理，然后再由检察机关向法院撤回再审检察建议或抗诉。但是，2003年10月15日，最高人民法院发布的《关于审理民事、行政抗诉案件几个具体程序问题的意见》（法审［2003］11号）指出："人民法院裁定再审后，向人民检察院申诉的当事人书面申请撤回申诉，人民法院应当裁定终结再审诉讼……"对于最高人民法院的上述意见应当予以肯定，因为此种情形与当事人向法院申请再审案件相比并不存在实质上的区别，在向法院提出再审检察建议或抗诉并由法院裁定再审之后，检察机关的诉讼监督职能就已经大部分完成了。[1]因此，对检察机关依当事人申请提出再审检察建议或抗诉的案件，当事人可以向法院申请撤回再审案件，对申请提出再审检察建议或抗诉的当事人也可适用拟制撤诉制度。

---

〔1〕李浩："处分原则与审判监督——对第7号指导性案例的解读"，载《法学评论》2012年第6期，第147页。

对法院依职权启动再审的案件，申诉人不得撤回申诉，也不得对申诉人适用拟制撤诉制度。这种案件是法院依职权主动提起的，虽有当事人的申诉，但其本身是国家的意志而不是当事人的意志，应当体现国家干预原则。

5. 第二审程序和再审程序中的拟制撤诉制度

依第二审程序和再审程序申请撤回上诉和撤回申请主体的规定，参照第一审程序的拟制撤诉制度，可以对第二审程序和再审程序的拟制撤诉制度作如下设计：经法院传票传唤，上诉人或者再审申请人无正当理由拒不到庭，或者未经法庭许可中途退庭的，法院应当向上诉人或者再审申请人送达按法院要求进行诉讼行为的通知，上诉人或者再审申请人收到通知后一个月内仍不按法院要求进行诉讼行为的，法院可以在依法审查后按撤诉处理。

6. 准许撤回上诉或者撤回再审申请的法律后果

在法律后果方面，准许撤回上诉或者撤回再审申请与准许撤回起诉存在区别，准许撤回上诉与撤回再审申请也存在区别。

我国实行的是两审终审制，当事人提出上诉后撤回上诉的，表明其对一审裁判已无异议，一审裁判发生法律效力。在上诉人撤回上诉后，法定的上诉期限已过，当然就丧失了再次提起上诉的权利，但享有依法向法院申请再审的权利。再审申请人撤回再审申请，同样表明其对原生效裁判已无异议，再审申请的撤回致使法院裁判的效力回归于启动再审之前的状态。法院裁定准许撤回再审申请的同时，如果作出了中止原生效裁判执行的裁定的，也应一并裁定撤销，再审申请人不得再次向法院申请再审。再审申请人之所以不得再次向法院申请再审，是为了防止无限再审的情形发生，但此时再审申请人依然享有依法向检察机关申请提出再审检察建议或抗诉的权利。

## 三、建立与行政诉讼撤诉制度相分离的行政诉讼调解制度

### （一）当事人因行政协调而申请撤诉实质上是因行政诉讼调解而申请撤诉

行政协调有时又称为行政诉讼协调。当事人因行政协调而申请撤诉，但我们在诉讼制度的用语中无法找到行政协调的概念，那么，“行政协调”在实际上是否就是行政诉讼调解呢？

对这一问题，学者们的认识并不一致。林莉红教授认为，行政协调与行政诉讼调解是存在区别的，“协调是指法院在审理行政案件的过程中主动适用法律的基本原则和具体规定，在双方当事人之间，以及其他相关各方之间进行的协商、调停、沟通，探索案件处理办法的活动。协调与调解的区别在于，协调注重过程，而调解强调结果；协调重视的是法院联络多方主体的活动，而调解注重的是对当事人意愿的落实”。[1]但是，多数学者并不对这种将行政协调与行政诉讼调解相区别的观点予以赞同，因为以过程和结果作为两者区别的标志并不具有充足的理由。多数学者认为，“行政协调”实质上就是“行政诉讼调解”。例如，姜明安教授认为，将行政协调这种解决行政争议的新方法称为协调和解，实际上与人们耳熟能详的诉讼法专用术语——调解，没有什么区别。[2]沈福俊教授也认为：“最高人民法院大力提倡的行政诉讼协调和解机制，以及在行政审判中所积极进行的行政诉讼协调和解的实践，实质是一种调解。只不过由于行政诉讼法明确禁止在行政诉讼中适用调解，才改变了

〔1〕 林莉红：“论行政诉讼中的协调——兼评诉讼调解”，载《法学论坛》2010年第5期，第49~50页。

〔2〕 姜明安：“‘协调和解’：还需完善法律依据”，载《法制日报》2007年4月4日。

提法，将实际具有调解特征的活动用协调和解的语言来进行表述。”[1]笔者赞同姜明安教授和沈福俊教授的观点，认为当事人因行政协调而申请撤诉实质上是因行政诉讼调解而申请撤诉。

### （二）行政诉讼撤诉制度与行政诉讼调解制度相分离的理由

有学者指出，如果调解的另一种表述等同于协调，那么协调仍然在行政诉讼法禁止的范围内；如果把协调理解为有别于调解的一种纠纷解决机制，那么，它是无根基的，更何况在诉讼法上，根本没有所谓的协调之说。[2]因此，不少学者主张对行政协调的概念不能使用，而是应当建立行政诉讼调解制度。胡建淼教授和唐震博士列举了赞同建立行政诉讼调解制度的以下理由：“①行政诉讼协调和解是人民法院的一种工作机制，而非诉讼制度……②诉讼法意义上的和解是当事人自主的行为，难以发挥法院的职能作用……③调解是相对成熟完善的诉讼制度，可以在行政诉讼中参照适用。”[3]黄学贤教授同样主张，在行政诉讼中使用法院调解的概念比较恰当。“一是符合我们的习惯用语；二是与行政诉讼法及其有关司法解释的用语一致；三是无论是和解、协调，还是协调和解，当它们在法院主导下达成，并作为终结诉讼的理由时，其实质就是调解。”[4]

之所以在行政诉讼中可以并且应当建立与撤诉制度相分离的调解制度，主要有两方面的理由：

---

〔1〕沈福俊：“和谐统一的行政诉讼协调和解机制”，载《华东政法大学学报》2007年第6期，第20页。

〔2〕章剑生：“寻求行政诉讼和解在法律规范上的可能性——法律解释方法之视角”，载《当代法学》2009年第2期，第20页。

〔3〕胡建淼、唐震：“行政诉讼调解、和解抑或协调和解——基于经验事实和规范文本的考量”，载《政法论坛》2011年第4期，第59~61页。

〔4〕黄学贤：“论行政诉讼调解制度的要件、构架和基础”，载《江苏行政学院学报》2008年第5期，第110页。

1. 调解制度在行政诉讼制度中有存在的空间

长期以来，行政诉讼调解制度是行政诉讼法学界研究的热点问题。在2014年《行政诉讼法》修改之前，学者们对我国应当建立行政诉讼调解制度进行了较为广泛和深入的探讨。有学者从三个方面论述了行政诉讼调解制度：一是能动司法对行政诉讼调解提出了要求；二是行政诉讼调解机制的应有功能是利益均衡；三是从诉讼与调解的对接来考虑行政诉讼调解限度的确定。〔1〕还有学者对行政诉讼调解的制度需求进行了分析，从司法改革与行政诉讼调解、国家合作与行政诉讼调解、成本收益分析与行政诉讼调解、行政诉讼目的与行政诉讼调解等方面对行政诉讼调解制度的理论基础进行了论述。〔2〕有学者认为，行政诉讼调解制度的建立，为现代公共行政已经从权力中心走向服务中心提供了环境基础，使行政裁量权的广泛存在具有可能。〔3〕有学者对修改行政诉讼调解制度，从自由裁量权的角度、行政诉讼的目的、行政关系的新趋势以及调解由法院监控的角度等方面分析了其理论依据。〔4〕对我国行政诉讼可以适用调解的理由，笔者曾经提出以下主张：在行政诉讼中双方当事人的法律地位平等，为当事人双方自愿协商奠定了基础；行政诉讼可以适用调解的前提是行政诉讼的双方当事人享有处分权；行政诉讼适用调解存在可能性，是因为行政主体享有一定范围的

---

〔1〕 缪文升：“行政诉讼调解：基于能动司法的语义、功能及限度分析”，载《行政论坛》2011年第2期，第63~67页。

〔2〕 喻文光：“行政诉讼调解的理论基础与制度建构”，载《华东政法大学学报》2013年第1期，第4~12页。

〔3〕 白雅丽：“论中国行政诉讼和解制度的建立”，载《现代法学》2006年第3期，第160~162页。

〔4〕 张淑芳：“行政诉讼和解问题探讨”，载《行政法学研究》2004年第3期，第94~95页。

行政自由裁量权；行政诉讼中适用调解并不会对合法性审查原则予以违反；行政诉讼适用调解，有利于提高诉讼效率和行政诉讼的质量。[1]在2014年修改《行政诉讼法》时，学术界对行政诉讼调解制度进行了讨论。有人认为，原来在《行政诉讼法》中之所以规定行政诉讼不适用调解，是因为行政权力的“傲慢”不属于与公民进行协商的内容，体现的是官本位的理念，目的在于保证行政权力的尊严或者其优越性。在这种理念之下，行政诉讼双方当事人之间诉讼法律地位的平等性不可能实现，也使得许多行政案件不能得到妥善的处理；行政诉讼不适用调解的规定，不利于案结了事，不利于行政争议的及时有效解决，因此，建议对“行政诉讼不适用调解”的规定予以删除。但是，2014年《行政诉讼法》进行修改时，并没有采纳学术界关于应当删除“行政诉讼不适用调解”规定的建议，仍然规定“行政诉讼不适用调解”。对《行政诉讼法》修改时的这一立法态度，学术界存在批判的声音。有学者指出：“对于行政诉讼调解制度，不论是在理论界还是在实务界都已经有了相当程度的共识，对于接纳行政诉讼调解制度没有任何实质性的障碍。但是此次立法修改依旧采取相对保守的立法态度，是此次修改《行政诉讼法》的一大遗憾。”[2]该学者还进一步指出，立法层面忽视行政诉讼调解制度的原因：一是对传统行政向现代行政转型认识不足；二是对侵害行为和给付行为的认识不足；三是没有足够地认识行政诉讼调解的“正能量”。[3]有学者认为，行政诉

---

〔1〕 向忠诚：“论行政诉讼中的调解”，载《江西行政学院学报》2004年第4期，第41~42页。

〔2〕 王晓强：“行政诉讼调解制度的相关问题探析——以新修订的《行政诉讼法》为研究对象”，载《福建法学》2015年第3期，第82~83页。

〔3〕 王晓强：“行政诉讼调解制度的相关问题探析——以新修订的《行政诉讼法》为研究对象”，载《福建法学》2015年第3期，第85~087页。

讼调解制度的现实基础为：构建和谐社会的需要；自由裁量权的广泛存在；与传统的思想文化相符；具有广泛的社会认同基础。还有的学者认为，程序选择权原理、司法能动主义理论、行政自由裁量权理论、功利主义理论、行政诉讼功能理论、非诉讼纠纷解决程序理论是建立行政诉讼调解制度的理论基础。行政诉讼调解制度建立的实践基础为："和谐社会建设"是其政治逻辑；"私合传统"是其文化心理；"成本—效益"是其经济考量；"法律规定"是其法律基础。

尽管理论界对建立行政诉讼调解制度的必要性和可行性进行了较为深入的探讨，但是修改后的《行政诉讼法》仍然对"行政诉讼不适用调解"的规定进行了保留。那么，在行政诉讼中能否建立与撤诉制度相分离的调解制度呢？回答是肯定的。理由在于，《行政诉讼法》修改时虽然对行政诉讼不适用调解的规定仍然予以保留，但对行政诉讼调解的立法有两方面的变化：一是在《行政诉讼法》第 60 条第 1 款的但书中，规定了可以进行行政诉讼调解的案件包括行政赔偿案件、行政补偿案件以及行政机关行使法律、法规规定的自由裁量权的案件。这一规定不仅保留了原《行政诉讼法》中关于行政赔偿案件可以进行调解的规定，吸收和扩充了司法解释关于行政补偿案件可以进行调解的规定，〔1〕而且新增加了"行政机关行使法律、法规规定的自由裁量权的案件可以调解的规定"，大大扩展了行政诉讼调解的适用范围。二是在《行政诉讼法》第 60 条第 2 款增加了行政诉讼调解原则的规定。〔2〕笔者认为，《行政诉讼法》修改时

---

〔1〕 2010 年 1 月 4 日施行的最高人民法院《关于审理行政许可案件若干问题的规定》第 16 条规定："行政许可补偿案件的调解，参照最高人民法院《关于审理行政赔偿案件若干问题的规定》的有关规定办理。"

〔2〕《行政诉讼法》第 60 条第 2 款规定："调解应当遵循自愿、合法原则，不得损害国家利益、社会公共利益和他人合法权益。"

对行政诉讼调解立法的上述变化表明，《行政诉讼法》并没有完全禁止调解制度的适用，这一制度可以在行政诉讼制度中生存，可以在行政诉讼中建立与撤诉制度相分离的调解制度，只不过行政诉讼调解与民事诉讼相比只是一种有限的调解，不得对法律规定的范围进行超越。此外，从域外立法来看，在行政诉讼中也是允许法院调解制度存在的。例如，德国《行政法院法》第 106 条〔1〕和第 87 条〔2〕有行政诉讼和解〔3〕的规定。实际上，自 20 世纪 90 年代以来，德国地方行政法院用和解方式结案的比例就大幅度提升，并引发了大陆法系国家和地区构建行政诉讼和解制度的潮流。在我国台湾地区，在 1998 年修订"行政诉讼法"时就引入了行政诉讼和解制度，在该法的第 219 条至第 228 条单设一节对行政诉讼和解作了专门规定。在美国，国会于 1990 年通过了《协商立法法案》和《行政纠纷协商解决法案》，以立法的方式对行政争议的多元化解决机制进行了确认。日本的《行政案件诉讼法》虽然对行政诉讼和解没有作出规定，但在司法实践中，不少的行政案件是以和解的方式解决的，最典型的是涉及土地买卖的案件，行政案件的双方当事人大多达成和解协议而结束诉讼。

2. 行政诉讼撤诉制度与行政诉讼调解制度存在明显的区别

当事人因行政协调而申请撤诉，实际上是在行政诉讼中混

---

〔1〕 德国《行政法院法》第 106 条规定，只要参与人对和解标的有处分权，未完全或者部分终结诉讼，参与人可在法院作出笔录，或在指定或委托的法官作出笔录以形成和解，法庭和解也可以通过以法院主审法官或编制报告法官建议而做出的方式在法院达成。

〔2〕 德国《行政法院法》第 87 条规定，审判长或其指定之法官，为使争诉尽可能一次言词辩论终结，于言辞辩论前有权为必要之命令。其有权试行参与人为争讼之善意解决之和解。

〔3〕 其他法域规定的诉讼和解和我国的法院调解并不存在实质上的区别。

合运行了撤诉制度与调解制度。但是，行政诉讼中的撤诉制度与调解制度存在明显的区别，将两种存在明显区别的诉讼制度混合在一起运行明显是不恰当的。

早在1984年，我国著名的诉讼法学家常怡教授就指出，撤诉与法院调解结案在适用的范围和法律后果等方面存在区别。[1]笔者认为，行政诉讼中撤诉制度与调解制度存在以下几方面的明显区别：

第一，性质不同。撤诉是指当事人对已经提起的行政诉讼向法院要求撤回，当事人只是对诉讼权利暂时放弃，并不涉及实体权利的处分，因此，撤诉制度本身的功能并不含有调解；调解是当事人通过互谅互让就双方之间的实体争议达成协议，涉及实体权利的处分。因此，“凡是经过审理，当事人双方对实体权利义务已经达成协议，无论这个协议有无执行内容，调解结案的，一律不应以撤诉方式结案。”[2]

第二，提起的主体不同。有权提起行政诉讼撤诉申请的主体只能是原告、上诉人、再审申请人；有权提出行政诉讼调解申请的主体则不仅包括原告、上诉人、再审申请人，而且也包括被告、被上诉人、再审被申请人，只是一方提出的调解申请需经对方同意才可对行政诉讼调解程序进行启动。

第三，案件的范围不同。就行政诉讼撤诉而言，无论何种案件，当事人都有权提出撤诉申请，在案件范围上不受限制。行政诉讼由于实行有限调解原则，适用调解的案件范围有明显的限制，依现行《行政诉讼法》的规定，可以适用法院调解的案件只有行政赔偿案件、行政补偿案件以及行政机关行使法律法规规定的自由裁量权的案件。

---

〔1〕 常怡：“论撤诉”，载《现代法学》1984年第3期，第50~51页。

〔2〕 常怡：“论撤诉”，载《现代法学》1984年第3期，第51页。

第四，法院审理的范围不同。对行政诉讼撤诉制度，法院只对撤诉行为本身进行审查，并不对整个案件进行审理。行政诉讼调解，法院则应对整个行政案件进行审理，也就是说，行政诉讼法律关系的客体都是法院审理的对象。按照江必新和梁凤云法官的观点，行政诉讼法律关系的客体主要有查明案件事实真相、确定被诉行政行为合法性和解决当事人所争执的实体或程序法律关系等三个层次。〔1〕

第五，处理方式和法律效果不同。对行政诉讼撤诉，法院用裁定的方式来处理，此种裁定不具有强制执行力。法院裁定准许撤诉后，当事人可以依法以同一事实和理由再次提起诉讼。当事人之间在行政诉讼中达成调解协议后，法院制作的调解书具有强制执行的效力。法院调解书生效后产生既判力的消极效果，当事人不得以同一事实和理由再次提起行政诉讼。

### （三）与行政诉讼撤诉制度相分离的行政诉讼调解制度的设计

#### 1. 行政诉讼调解的适用范围

行政诉讼调解的适用范围，是行政诉讼调解制度设计应解决的首要问题。在 2014 年《行政诉讼法》修改以前，学者们对这一问题进行了广泛的研究。

张淑芳教授认为，除行政赔偿案件外，对涉及私权的纠纷以及涉及行政合同手段调整的纠纷均可以进行适当调解。〔2〕沈福俊教授认为，行政裁量行为是行政诉讼调解的主要范围，在行政裁量之外的领域，同样可以在不违背合法性的前提之下进

〔1〕 江必新、梁凤云：《行政诉讼法理论与实务》（第 3 版）（上），法律出版社 2016 年版，第 109 页。

〔2〕 张淑芳："行政诉讼和解问题探讨"，载《行政法学研究》2004 年第 3 期，第 96 页。

行必要的调解，被告不履行法定职责的案件同样可以适用调解。[1]陈立风先生认为，除行政赔偿案件外，适用法律、法规错误的案件，行政主体滥用职权的案件，拒绝或者拖延履行职责仍有履行必要的案件，同样也可以适用行政诉讼调解。[2]周佑勇教授认为，行政诉讼调解的适用范围主要应限定为以下案件：行政赔偿、行政补偿案件；涉及行政裁量权的案件；行政契约、行政奖励等涉及非强制性行为的案件；行政不作为案件；行政与民事交叉的行政裁决案件。[3]段小京先生从反面对行政诉讼调解的适用范围进行了排除，主张将下列行政行为排除在行政诉讼调解的适用范围之外：羁束性的行政行为；无效的行政行为；合法并合理的行政行为；行政法律关系的性质不适宜进行和解或者法律、法规有禁止性规定的行为。[4]王跃先生认为，行政诉讼调解主要适用于以下几种类型的案件：行政裁决案件；涉及行政自由裁量权的案件；行政征收案件；行政合同案件；不履行法定职责案件。[5]方世荣教授认为，能够进行调解的行政案件总体上可以概括为以下十类案件：存在自由裁量行为的案件；群体性纠纷案件；行政合同纠纷案件；被诉具体行政行为违法的案件；直接或间接涉及民事纠纷的行政确认、行政裁决案件；法律规定不明确或者法律规定与相关政策不统

[1] 沈福俊：“和谐统一的行政诉讼协调和解机制”，载《华东政法大学学报》2007年第6期，第27~28页。

[2] 陈立风：“我国行政诉讼调解制度的适用范围及程序设计的具体建构”，载《河南师范大学学报（哲学社会科学版）》2007年第4期，第80页。

[3] 周佑勇：“和谐社会与行政诉讼和解的制度创新”，载《法学论坛》2008年第3期，第36~37页。

[4] 段小京：“《关于行政诉讼撤诉若干问题的规定》的理解与适用”，载《人民司法》2008年第3期，第28页。

[5] 王跃：“比较法视野中的行政诉讼调解制度”，载《求索》2008年第7期，第131页。

一的案件；相对人的诉讼请求虽难以得到法院支持，但涉及行政相对人的基本生存、生活之需，并亟待解决实际困难的案件；具有规制性的行政指导案件；不履行法定职责的案件；社会影响较大的行政案件。[1]喻文光先生认为，对行政诉讼调解的范围应当宜粗不宜细地对其作出规定，如可规定为："相对人起诉后，法院应当审查适用调解的适当性，并将调解的可能性、程序、模式等告知当事人，由当事人选择。"[2]

在2014年《行政诉讼法》的修正过程中，对行政诉讼调解的适用范围进行了讨论。不少的人认为，应当扩大行政诉讼调解的适用范围，理由是：一是对解决争议有利，可以使当事人双方的矛盾得到解决，可以使群众上访事件得以减少；二是对节省诉讼成本有利，可以使法院的压力得以减轻，实现法律效果与社会效果的统一。对行政诉讼调解具体的适用范围，有人主张可以适用调解的案件有行政赔偿案件、行政机关依法给予补偿的案件以及适合运用调解方式解决行政争议的案件；有人主张调解只能有限地适用于审理具体行政行为的案件，如行政给付、行政征收、行政处罚、行政强制措施和行政执行案件等，可由最高人民法院以司法解释的方式确定；有人主张行政诉讼调解的适用范围包括涉及自由裁量权的案件、裁决民事纠纷引起的行政案件、合意的行政行为的案件、不履行法定职责的案件等。但是，对于涉及自由裁量权的案件，也有人主张不适用调解，因为这种情形非常普遍，面非常广，如适用调解，会使行政争议的解决处于一种非正常性的讨价还价状态，不利于社

〔1〕 方世荣："我国行政诉讼调解的适用范围、模式及方法"，载《法学评论》2012年第2期，第62~64页。

〔2〕 喻文光："行政诉讼调解的理论基础与制度建构"，载《华东政法大学学报》2013年第1期，第15页。

会治理。

2014年修正的《行政诉讼法》，在综合考虑对行政诉讼调解适用范围学术界以往的研究成果和修法过程中的各种意见后，将行政诉讼调解的适用范围确定为行政赔偿、行政补偿和行政机关行使法律、法规规定的自由裁量权等三类案件。

在2014年《行政诉讼法》修正后，仍有学者对行政诉讼调解的适用范围进行了探讨。例如，有学者认为，修正后的《行政诉讼法》规定的行政机关行使法律、法规规定的自由裁量权的案件，可以采用负面清单的方式，进一步明确其适用范围，以下情形不宜纳入行政诉讼的调解范围：行政机关所作出的政策性因素主导的行政行为；专业技术性强和人性化判识度高的行政行为；军事、外交等国家行为；内部行政行为，并主张行政诉讼调解还应增设简易程序案件、行政合同案件、行政裁决案件等适用范围。〔1〕有学者认为，以下行政诉讼案件可以适用调解：裁决民事纠纷引发的行政案件；合意的行政行为案件；涉及行政自由裁量权的案件；滥用职权的案件；不履行法定职责且确有履行必要的案件；适用法律、法规错误的案件。〔2〕

那么，在司法实践中，到底应该如何确定行政诉讼调解的适用范围呢？笔者认为，对这一问题应当坚持两个基本立场：一是行政诉讼调解适用范围的确定，应当以《行政诉讼法》的明文规定为依据，不能随意确定，否则，就有可能违反行政诉讼立法的精神。例如，在司法实践中，有的基层法院规定，将以市政府为被告的案件、当事人累讼、上访的案件等七类案件

〔1〕王玉全："新《行政诉讼法》中行政诉讼调解制度研究"，载《唐山师范学院学报》2016年第1期，第143页。

〔2〕陈文明："行政诉讼调解制度的完善"，载《江苏经济报》2016年2月24日。

作为必须进行调解的内容，[1]这是不符合《行政诉讼法》规定的。二是行政诉讼调解的适用范围应当是有限的。理由在于，《行政诉讼法》中虽有行政诉讼调解适用范围的规定，但首先有"行政诉讼不适用调解"的规定。也就是说，"在行政诉讼制度中，审判应占主导地位，而调解只能居次要的、辅助性的地位。"[2]其次，从其他法域行政诉讼制度来看，虽然大多肯定法院调解，但调解的适用范围也是有限的。德国的《行政法院法》将行政诉讼和解的适用范围限于当事人能够处分和解标的的情形。在我国台湾地区，有学者认为，行政诉讼中对依法行政的原则行政机关应当坚持，能成立和解的余地不多，行政兼有确立行政权合法行使之功能，对当事人私自互相让步达成和解难以容许。[3]在司法实践中，我国台湾地区"行政法院"每年受理的行政案件有 5 万多件，以和解结案的不过三四百件而已。[4]

从《行政诉讼法》对行政诉讼调解适用范围的规定来看，明确规定了行政赔偿案件和行政补偿案件，但对行政机关行使法律、法规规定的自由裁量权的案件则规定得不太明确。在行政机关行使法律、法规规定的自由裁量权的案件中，行政机关实施的是自由裁量的行政行为。在行政法理论上，与自由裁量行政行为相对应的是羁束行政行为。"羁束行政行为是指行政主体对行政法律规范的适用没有灵活余地，必须严格按照法律、

---

〔1〕 黄学贤："行政诉讼调解若干热点问题探讨"，载《法学》2007 年第 11 期，第 45 页。

〔2〕 陈立风："我国行政诉讼调解制度的适用范围及程序设计的具体建构"，载《河南师范大学学报（哲学社会科学版）》2007 年第 4 期，第 79 页。

〔3〕 翁岳生编：《行政法》（下册），中国法制出版社 2002 年版，第 1462~1463 页。

〔4〕 郑宁、龙非："行政诉讼和解的容许性要件研究"，载《法治研究》2007 年第 12 期，第 17 页。

法规作出的行为。”[1]根据《行政诉讼法》的规定，我们可以推断出一个结论，即行政机关对行政法律规范的适用没有灵活余地，必须严格依照法律规定作出羁束行政行为的案件，不适用行政诉讼调解。此外，从《行政诉讼法》的规定还可以推断出，不适用行政诉讼调解的案件也包括行政机关超越法律、法规规定的范围行使自由裁量权的案件。行政机关如果超越了法律、法规规定的范围行使自由裁量权，被诉行政行为就是明显违法的行政行为，只能由法院作出相应的判决，“因为行政行为在合法和非法之间没有中间地带”。[2]在法律、法规规定的范围内，行政机关行使自由裁量权的案件是否都属于行政诉讼调解的适用范围呢？有学者认为，行政机关对法律规定的自由裁量权的行使，因裁量权幅度提起的诉讼，可以适用调解。[3]笔者认为，对此还应作具体的分析。从广义上讲，在法律、法规规定的范围内行政机关行使自由裁量权属于行政合理性的问题。在法律、法规规定的范围内行政机关对自由裁量权的不当行使，可以分为两种情形：一是一般的违反行政合理性原则；二是严重的违反行政合理性原则。由于被诉行政行为的合法性审查原则在我国《行政诉讼法》中作了规定，对在法律、法规规定的范围内行政机关实施的一般的违反行政合理性原则行使自由裁量权的行为，不属于行政诉讼的受案范围，法院应当裁定不予立案或者驳回起诉，也就无法谈起行政诉讼调解的适用范围。对可以纳入行政诉讼受案范围的在法律、法规规定的范围内行

---

〔1〕莫于川主编：《行政法学原理与案例教程》，中国人民大学出版社 2007 年版，第 142 页。

〔2〕黄学贤：“行政诉讼调解若干热点问题探讨”，载《法学》2007 年第 11 期，第 46 页。

〔3〕汪文颖：“行政诉讼调解制度研究——基于《行政诉讼法》第六十条”，载《黄冈职业技术学院学报》2017 年第 2 期，第 56 页。

政机关行使自由裁量权的案件，也不是都可以纳入行政诉讼调解的适用范围，具体确定为两类案件。第一类案件是行政合同案件。行政合同的订立，是行政机关和行政相对人双方意思表示的结果，行政合同争议的解决也可依行政机关和行政相对人双方的意思表示适用调解予以解决。第二类是行政处罚明显不当的或者其他行政行为涉及对数额的确定、认定确有错误的案件。这类案件属于法院可以作出变更判决的情形，既然司法权可以直接对行政行为的内容予以变更，那么适用行政诉讼调解制度，由当事人合意并经法院审查来变更行政行为的内容并不存在法律上的障碍。除上述两类案件外，对行政机关在法律、法规规定的范围内严重违反行政合理性原则行使自由裁量权的案件，就不能适用行政诉讼调解制度。因为这种严重违反行政合理性原则的行为，如行政机关滥用职权的行为，在《行政诉讼法》上已被视为违法的行政行为，法院应当依法判决撤销，如适用调解制度，就无法实现法院监督行政机关依法行使职权的行政诉讼目的。

2. 行政诉讼调解的原则

对行政诉讼调解的原则，在《行政诉讼法》修正前后，学者们进行了一定程度的探讨。在《行政诉讼法》修正之前，有学者认为，自愿原则以及合法和合理原则是行政诉讼调解的原则。〔1〕有学者认为，应当作为行政诉讼调解的原则有：有限调解原则、合法原则、调解实效性原则及程序规范原则。〔2〕另有学者认为，行政诉讼调解的原则除了自愿原则、合法原则外，

〔1〕 陈立风：“我国行政诉讼调解制度的适用范围及程序设计的具体建构”，载《河南师范大学学报（哲学社会科学版）》2007年第4期，第79~80页。

〔2〕 沈福俊：“和谐统一的行政诉讼协调和解机制”，载《华东政法大学学报》2007年第6期，第27页。

还应当增加保密原则。[1]在《行政诉讼法》修正之后，有学者主张行政诉讼调解的原则应增加审查前置原则、效率原则和便民原则。[2]

在《行政诉讼法》修正过程中，对行政诉讼调解的原则进行了讨论。有人认为，“查明事实、分清是非”或者“在事实清楚的基础上分清是非”应当作为行政诉讼调解的原则；有人认为，行政诉讼调解的原则包括自愿原则、合法原则、有限调解原则、调审结合原则、保护公共利益和第三人利益原则等。修正后的《行政诉讼法》综合各种意见后，在《行政诉讼法》第60条第2款规定了行政诉讼调解的原则，即“调解应当遵循自愿、合法原则，不得损害国家利益、社会公共利益和他人合法权益”。

依笔者看来，对行政诉讼调解原则，《行政诉讼法》的规定是恰当的，问题的关键是如何具体落实。在行政诉讼调解的原则中，最为核心和最为重要的原则是自愿原则。由于行政相对人和行政机关在行政诉讼中事实上处于不平等的地位，作为原告的行政相对人同意参加调解或者同意接受调解协议的内容，很有可能受到行政机关或者其他外界的压力，导致其意思表示不真实而违反了行政诉讼调解的自愿原则。为了实现行政诉讼调解的自愿原则，法院应当审查原告同意参加调解或者同意接受调解协议的内容是否受到行政机关或者其他外界的压力，是否是其真实的意思表示；原告同意参加调解或者同意接受调解协议的内容，除表示自愿或者在调解协议上签字外，还应向法院提交确属本人自愿参加调解或者自愿接受调解协议的由本人

〔1〕 喻文光：“行政诉讼调解的理论基础与制度建构”，载《华东政法大学学报》2013年第1期，第14~15页。

〔2〕 王玉全：“新《行政诉讼法》中行政诉讼调解制度研究”，载《唐山师范学院学报》2016年第1期，第143~144页。

签字的书面声明。

3. 行政诉讼调解的程序、调解与审判的关系、调解协议的效力、调解的救济等问题

对这些问题，学者们也进行了一定程度的研究。但是，从研究成果的内容来看，笔者发现与民事诉讼调解的区别并不明显。《行政诉讼法》第101条规定，法院审理行政案件，关于调解，《行政诉讼法》没有规定的，适用《民事诉讼法》的相关规定。因此，关于行政诉讼调解的程序、调解与审判的关系、调解协议的效力、调解的救济等问题，适用《民事诉讼法》的相关规定。

此外，因为行政诉讼中调解与撤诉存在明显的区别，加之司法实践中因行政协调而撤诉的不正常撤诉情形较为常见，法院主持当事人双方在行政诉讼中达成调解协议的，应当制作调解书，不得裁定准许当事人撤诉。这一要求的正当性在于，法院在行政诉讼中依何种方式结案，应取决于当事人的意志。当事人申请撤诉的，在依法审查后，符合条件的，裁定准许撤诉，案件审理终结，不符合条件的，裁定不准许撤诉，案件继续进行审理；当事人双方同意调解，达成调解协议的，法院制作调解书以调解方式结案，达不成调解协议的，依法及时判决；当事人既未申请撤诉，当事人双方也未同意调解的，法院对行政案件在审理后只能依法作出裁判。

## 四、司法体制和其他方面的改革

### （一）司法体制方面的改革

在行政诉讼撤诉制度运行的实践中，之所以撤诉率居高不下、非正常撤诉的情形屡见不鲜，一个重要的原因在于，行政审判权并没有依法独立公正地行使。行政诉讼撤诉制度的改革，

如果不实行行政权与审判权平衡的原则，就很难在根本上解决行政诉讼撤诉制度存在的问题。法院在审理行政案件的时候，面对行政机关的压力，不敢依法判决行政机关败诉，为了实现案结了事，以各种方式促使原告撤诉就成了首选的方案。“在现代民主社会中，法治的核心原则是法院必须独立于行政机关，且这种独立必须让人们看得见。”〔1〕事实上，法院独立行使审判权的原则在我国宪法上有明确的规定，三大诉讼法又进一步作了具体的规定。

在我国，依据社会主义法治理念，我们不能实行西方式的司法独立。但是，要使法院真正成为实现社会公平正义的场所，必须在坚持中国共产党的领导和人民代表大会制度的前提下，确保法院依法独立公正地行使审判权，在《宪法》中正确定位司法权与行政权之间的关系，明确规定法院对行政机关具有监督的权力。事实上，我国的《行政诉讼法》自颁布时就规定法院享有监督行政机关依法履行职权的权力，将这一规定上升到宪法层面，无疑具有重要的价值。

中共中央已经看到了我国司法体制存在的问题，在十八届三中全会通过的《中共中央关于全面深化改革若干重大问题的规定》中明确提出了深化司法改革的要求，即“确保依法独立公正行使审判权检察权。改革司法管理体制，推动省以下地方法院、检察院人财物统一管理，探索建立与行政区划适当分离的司法管辖制度，保证国家法律统一正确实施”。在本轮司法体制改革过程中，习近平总书记进行了全面部署，系统地提出了司法体制改革的思想，主要内容为：将司法体制改革作为全面深化改革的重要突破口；司法体制改革是全面推进依法治国的

〔1〕 杨力：《司法多边主义：以中国社会阶层化发展趋势为主线》，法律出版社 2010 年版，第 52 页。

重要保障；司法体制改革要坚持党的领导，强调顶层设计；司法体制改革要依法进行，于法有据；司法体制改革要积极推进，试点先行；司法体制改革要分清矛盾主次，牵住“牛鼻子”。[1]在上述中央文件精神和习近平总书记关于司法体制改革要求的指导下，学者们对我国司法体制改革的问题进行了探讨。陈光中教授和魏晓娜副教授认为，我国司法体制现代化改革应解决的主要问题是：一是正确处理党委、纪监委与司法机关的关系；二是以审判为中心，理顺法院、检察院、公安机关的关系；三是推进司法体制去地方化影响的改革；四是探索法官、检察官依法独立办案体制；五是推进法官、检察官的分类管理；六是统一刑罚执行体制。[2]秦前红教授和苏绍龙博士认为，深化司法体制改革需要正确处理的关系包括外部关系和内部关系，其中外部关系为与执政党的关系、与人大的关系、与政府的关系、与公民的关系，内部关系包括司法管辖制度改革中的关系、司法权力优化配置中的关系、司法权力运行监督机制中的关系、司法人员管理制度改革中的关系。[3]最高人民法院副院长李少平对深化司法体制改革的政治方向、价值目标、方法论以及司法权力的规律性和功能作用等方面进行了理论上的思考。他认为，司法体制改革的政治方向为，始终坚持党的领导，始终坚持人民立场，始终坚持从中国国情出发；司法体制改革的价值目标为，推进司法公正，实现司法高效，树立司法权威；司法

---

〔1〕 陈卫东：“中国司法体制改革的经验——习近平司法体制改革思想研究”，载《法学研究》2017年第5期，第3~16页。

〔2〕 陈光中、魏晓娜：“论我国司法体制的现代化改革”，载《中国法学》2015年第1期，第105~116页。

〔3〕 秦前红、苏绍龙：“深化司法体制改革需要正确处理的多重关系——以十八届四中全会《决定》的框架”，载《法律科学（西北政法大学学报）》2015年第1期，第37~47页。

体制改革的方法论为，坚持改革的问题导向，坚持改革的系统推进，坚持改革的落地见效。他还认为，关于司法权力的规律属性，新一轮司法体制改革的两个重要理论基础为司法权是判断权和裁量权以及司法权是中央事权；关于司法权力的功能作用，法院的重要职能是依法化解矛盾和维护社会大局稳定，二者的内核应当是实现社会公平正义。〔1〕季卫东教授认为，中国特色社会主义司法系统的顶层设计，必须以司法公正、司法权威、司法效率、司法便民这四个元素作为基准，并通过对它们之间关系的不同组合方式的探讨，来对符合我国国情的司法体制改革目标予以锁定，并对其实施绩效的评价标准进行确定。〔2〕还有学者对司法改革评估进行了专门的探讨，认为司法改革评估的意义在于，深化司法体制改革的重要前提，总结司法体制改革的经验成效，寻找司法体制改革的问题与不足，通过评估为人民提供满意的答卷；司法改革成效评估的原则为，独立中立原则、依法评估原则、主客观相结合原则、目的性原则和循序渐进原则；司法体制改革的衡量标准为，审判权、检察权独立行使的目标是否切实落实到位，是否建立合理的机制遴选出优秀的员额法官和检察官，员额法官和检察官责任制是否落地，司法人员分类管理制度是否完善以及办案团队是否组建完整，是否建立了完善的司法人员保障制度，司法机关收结案比例是否趋于平衡，是否建立健全司法人员外部正常流动机制，人民群众的司法满意度是否提高。〔3〕学者们的上述探讨，对深化我

〔1〕 李少平："人民法院深化司法体制改革的理论与实践"，载《中国应用法学》2017 年第 5 期，第 13~18 页。

〔2〕 季卫东："司法体制改革的目标和评价尺度"，载《人民法院报》2017 年 4 月 5 日。

〔3〕 胡昌明："司法体制改革评估的衡量标准及方法"，载《中国法律评论》2018 年第 3 期，第 188~194 页。

国司法体制改革无疑具有十分重要的意义。

在中共中央提出司法体制改革的要求以后，不仅理论界进行了探讨，实践中也有不少积极的探索。最高人民法院李少平副院长认为，十八大以来，司法体制改革的实践成效为：一是通过改革让司法更加公正。体现为，推进司法责任制改革等关键领域重点突破；最高人民法院设立巡回法庭；设立跨行政区域法院；设立知识产权法院；推进以审判为中心的刑事诉讼制度改革；预防和纠正冤假错案；健全司法人员依法履行法定职责保护机制。二是通过改革让司法更加便民。体现为，全面落实立案登记制度；加强诉讼服务中心建设；以失信惩戒为抓手深化执行体制改革；开展人民陪审员制度改革试点工作；完善保障律师依法履职机制。三是通过改革让司法更加公开高效。体现为，深入推进司法公开；配合中央健全完善多元化纠纷解决机制；推进案件繁简分流机制改革；深化刑事速裁改革试点；开展认罪认罚从宽制度改革试点；完善信息化建设标准和基础设施建设；实现司法信息的全面覆盖和系统集成；各地积极探索大数据手段提升办案质效，服务司法体制改革。四是通过改革让司法更加专业。体现为，全面推行法官员额制改革；改革法官选任制度；推进法院人员分类管理；改革法官职务序列和工资制度；推进专业化审判；推进法院内设机构改革。司法体制改革的重点和难点为，将司法责任制改革纵深推进；对法官员额制改革深度落实；对司法责任制改革系统集成和协调配套不断增强；破解改革难题善于运用改革思维和信息化手段。〔1〕另据最高人民法院司法改革办公室主任胡仕浩介绍，十八大以来，法院推进司法体制改革的主要路径为，贯彻中央部署，坚

〔1〕 李少平："人民法院深化司法体制改革的理论与实践"，载《中国应用法学》2017年第5期，第18~27页。

持目标导向；结合法院实际，坚持问题导向；抓好顶层设计，坚持系统推进；抓好督办、协调，坚持以人民为中心。司法改革的重点问题是，牵住改革的牛鼻子，全面推进司法体制改革；院庭长办案有指标；对错案责任倒查问责制和办案质量终身负责制进行了完善；对法官履职保障予以加强。通过立案登记制的改革、诉讼服务机制的改革、执行工作体制的改革、完善司法救济制度以及推动多元化纠纷解决机制和案件繁简分流的改革，使满足人民群众多元的司法需求成为司法改革的主线。在强化人权保障方面的改革措施有，认罪认罚从宽制度的确立，深化刑事速裁制度改革的试点，严格规范减刑、假释、暂予监外执行的程序，量刑规范化的改革，规范了涉案财物的司法程序，实行以审判为中心的诉讼制度改革。通过设立巡回法庭，设置跨行政区划法院，设立专门法院及工作机制，实施扩大司法民主方面的改革，改革人民陪审员制度，为建立维护司法廉洁方面配套了有关制度，从而改革法院组织体系，保证中央政令畅通和国家法律实施。法院人员管理的相关制度有，分类管理；单独职务序列的改革；法官选任制度的改革；建立法律实习生制度。[1]2018 年 7 月 24 日，十九大召开以后的首次全国深化司法体制改革推进会在深圳举行。根据中央部署，新时代司法体制改革的任务主要有：一是司法机构改革；二是司法体制综合配套改革；三是政法各单位改革。[2]但不得不承认的是，司法体制改革的效果还不太理想，离中央关于司法体制改革的文件精神和习近平总书记关于司法体制改革的要求还有不少的

〔1〕 胡仕浩："十八大以来人民法院司法体制改革的路径与发展"，载《领导科学论坛》2017 年第 16 期，第 3~18 页。

〔2〕 汤瑜："聚集十九大后首次司法体制改革推进会"，载《民主与法制时报》2018 年 7 月 28 日。

差距。原因在于，司法体制改革涉及的问题过于复杂。例如，省以下地方法院、检察院人事工作的统一管理，与宪法规定的法院、检察院人事由同级人大或者人大常委会任免如何协调，省以下法院人财物统一管理与上下级法院之间只存在监督与被监督而不存在领导与被领导的关系如何协调。可见，整个司法体制的改革有可能是一个十分漫长的过程。实际上，对法院而言，司法体制改革的目的在于确保法院依法独立公正地行使审判权。在三大诉讼领域，与刑事诉讼和民事诉讼相比，行政诉讼中确保法院依法独立公正地行使审判权显得更为重要，法院依法独立公正行使审判权的价值更大。在行政诉讼中，被告是行政机关，行政机关作为案件的当事人，干涉法院的审判似乎更加理直气壮。最高人民法院试图通过行政案件的异地交叉管辖和提级管辖来解决这一问题，但并没有取得明显的成效。有学者就"去司法地缘化，改革行政审判体制"进行了专门的探讨，认为应确保行政审判权独立行使，实现司法权的统一，建立司法审查制度，建立对违抗司法权的行政主体制裁机制以及去司法行政化和遏制行政审判权的腐败。[1]笔者认为，上述建议还很难从根本上解决行政审判体制存在的问题，在整体上推进司法体制改革的过程中，探索建立专门的行政法院也许是一种较为正确的路径。

在我国，最早系统提出建立行政法院体制的是马怀德教授。他认为，世界上许多国家都设立了行政法院，我国也可以制定《行政法院组织法》，建立行政法院。行政法院在性质上应该是最高人民法院下属的审判机关，原来由法院行使的行政审判职

---

〔1〕 孙山、易利娟："司法地缘化对独立行使审判权之影响——行政诉讼价值取向应实现与行政审判体制改革相契合的法治效果"，载《天津法学》2013 年第 4 期，第 9~11 页。

能，全部转由行政法院行使。行政法院的组织体系可以是最高行政法院和地方各级行政法院，只有最高行政法院隶属于最高人民法院，地方各级行政法院均只隶属于行政法院系统，地方各级行政法院的设置不与现行的行政区划重叠。行政法院的建立，要注意做到行政法院司法统一，行政法院司法独立，并建立健全行政法院监督制约机制。〔1〕马怀德教授后来又进一步指出，中国行政审判暴露出的问题是全面性的危机，只有整体上的结构化改革才是治本之法，在中国构建行政法院制度正是改革的根本出路。〔2〕

对马怀德教授提出的我国建立行政法院体制的方案，学者们的认识并不一致。江厚冬博士和黄学贤教授认为，应当理性看待设立行政法院的价值和意义，一是从设置行政法院的法律依据来看，需要进一步观察和论证将行政法院的性质定位为专门法院与《宪法》和《人民法院组织法》的目的是否相符合；二是设立行政法院并不能担当突破行政诉讼困境的任务；三是实现行政审判专业化的必由之路并非设立行政法院；四是对设立行政法院的成本要理性地予以看待；五是我国设立行政法院的理由不能是比较法视野下的行政审判体制；六是我国历史上的行政诉讼组织形态仅是形式意义上的行政法院。〔3〕朱学磊博士反思和批判了设立行政法院的主流观点，认为行政法院的独立存在悖论，对提高司法权威的重担难以挑起；摆脱地方控制，仍然无法避免司法的地方化倾向；不可错估设立行政法院的制

〔1〕马怀德、解志勇："行政诉讼案件执行难的现状及对策——兼论建立行政法院的必要性与可行性"，载《法商研究》1999年第6期，第102~104页。

〔2〕马怀德、王亦白："透视中国的行政审判体制：问题与改革"，载《求是学刊》2002年第3期，第78页。

〔3〕汪厚冬、黄学贤："设立行政法院热的冷思考"，载《中州学刊》2015年第2期，第57~59页。

度成本；我国设立行政法院的制度环境是否成熟令人怀疑。[1]有的学者认为，我国目前还不具备设立行政法院的可能性，理由主要在于：一是《行政诉讼法》明确规定，法院设立行政审判庭审理行政案件，设立行政法院与《行政诉讼法》产生冲突；二是设立行政法院，会导致机构编制的增加而对国家的司法资源过多使用；三是设立行政法院，劳动争议等其他诉讼可能会进行仿效；四是设立行政法院，行政法院审判权限和普通法院审判权限的冲突可能会出现；五是设立行政法院与我国目前的法治状况因我国的法治化程度还不高会有一种内在的紧张关系。有学者还认为，之所以对设立行政法院予以否定，有以下几方面的考虑：一是行政法院是否属于专门法院还没有确切的答案，设立行政法院的合法性基础有待进一步论证；二是设立行政法院不一定能让行政审判走出困境，不一定可以解决行政诉讼存在的问题；三是高水平的专业化的行政司法队伍，减少法官的岗位调动也可以实现，并且法官的素质还有政治及道德情操方面的要求；四是设立行政法院需要花费许多的司法成本；五是我国的司法体制不同于国外的司法体制，设立行政法院可以说是一种政治体制的变革，在我国不一定能够适用；六是从我国历史上有过行政法院来肯定设立行政法院能让行政诉讼走出司法行政化的怪圈是不切实际的。[2]

但是，学术界主流的观点是赞同马怀德教授提出的我国建立行政法院体制的方案。最高人民法院江必新副院长认为，设立行政法院更有优越性，设立行政法院有明确的宪法和组织法

〔1〕朱学磊：“中国行政法院热的冷思考”，载《江苏警官学院学报》2015年第3期，第28~31页。

〔2〕刘炎、吴俊明：“行政法院否定性思考”，载《牡丹江大学学报》2016年第8期，第108~109页。

依据，设立行政法院有利于节约行政审判队伍资源，设立行政法院具有较高民意和广泛的群众基础，设立行政法院有可资借鉴的本土资源和域外经验；设立专门行政法院的模式选择，应当是在最高人民法院之下建立一套接受最高人民法院监督指导的专门行政法院系统。〔1〕解志勇教授认为，由我国行政审判体制要解决的主要问题所决定，并且实行“司法双轨制”更能满足行政诉讼的特殊需要，可以容纳更多的制度创新，因此，在司法体系内建立行政法院更适合我国国情。〔2〕最高人民法院梁凤云法官对专门行政法院的基本功能作了如下的概括：一是破除人财物制约，实现官民平等；二是破除受案瓶颈，实现民权救济；三是破除非法不当干预，实现权力监督；四是破除司法地方化，实现审判独立；五是破除有限监督藩篱，实现案结事了。〔3〕有学者认为，借鉴大陆法系国家经验，建立独立的行政法院解决行政争议，更能实现行政审判独立、公正、权威，更能维护中央权威和统一的政治秩序，更能保障行政审判专业性，更能兼容既有的历史和法律文化传统。〔4〕有学者认为，我国现行的行政审判体制，制度设计不合理，法院和法官的独立性不够；滋生司法地方化、司法行政化倾向，难以抵御行政干预；法院内部审判及人事管理存在缺陷，部分行政法官审判能力不强、专业性不足；运行体制的效果不好，对行政审判缺乏公信

〔1〕江必新：“中国行政审判体制改革研究——兼论我国行政法院体系构建的基础、依据及构想”，载《行政法学研究》2013年第4期，第7~11页。

〔2〕解志勇：“行政法院：行政诉讼困境的破局之策”，载《政法论坛》2014年第1期，第134页。

〔3〕梁凤云：“关于对中国特色行政法院体系的基本设想”，载《行政法学研究》2015年第1期，第83~84页。

〔4〕廖希飞：“行政审判体制改革的最佳路径——建立行政法院”，载《财经法学》2016年第6期，第42页。

力和权威性。我国独立行政法院设立的必要性为：破除司法地方化、行政化；是权力制衡，以司法权制约行政权的需要；是审判专门化，充分发挥行政审判职能作用；是适应经济全球化和 WTO 规则，顺应我国行政诉讼制度与国际接轨的迫切需要。我国设立独立行政法院的可能性为：具有法律依据，在法律上具有可操作性；具有经济基础和物质条件；既有历史与文化基础，又有可资借鉴的域外经验；其他专门法院的设置为行政法院的设立积累了经验。[1]有的学者主张，在我国设立行政法院有其必要性，理由在于：一是行政审判技术性、专业性较强的特点能够得到体现；二是行政审判的独立性可以得到增强，行政机关对行政审判的干预可以得到减弱；三是对行政机关的干涉，法院可以大胆地借鉴舆论和公众的力量来抗衡。

笔者赞同在推进我国司法体制改革的过程中建立行政法院体制的方案。就行政诉讼撤诉制度而言，如果我国设立了人财物不受地方制约的行政法院，行政诉讼撤诉制度就有可能朝着正确的方向予以发展，法院会侧重对行政相对人合法权益的保护，切实行使对当事人申请撤诉的审查权，不会不敢判决行政机关败诉，不会在行政机关可能败诉时尽力促使原告撤诉。

### （二）其他方面的改革

#### 1. 强化司法权的司法功能，遏制司法行政化的现象

我国正处于社会转型时期，各种社会矛盾包括行政纠纷日益增多。但是，对行政纠纷的解决有多元的方式，行政诉讼只是解决行政纠纷的一种方式。司法权不是无所不能的，司法权的功能不是无限的，不能把所有的社会压力都转化为司法压力，不能把所有的矛盾都转化为法律问题交由法院来解决，否则，

---

〔1〕 曹荣刚："我国设立行政法院的可行性探析"，载《人民法治》2016 年第 11 期，第 58~61 页。

就不利于司法权的正确行使。有学者指出，司法权的有限性表现在：权力范围有限；遵循消极被动原则；司法资源有限；司法是最昂贵的纠纷解决方式；司法主体数量有限。〔1〕

司法权应当具有政治功能，毕竟司法权的政治功能是制度化规范政治权力方式中的重要组成部分，因为任何国家的司法都必须分担一定的治理国家和社会的政治责任，这是无法逃避和放弃的。尤为重要的是，从行政审判权的产生、行政审判权的作用对象以及行政审判权的内容来看，行政审判权是一种具有政治性的司法权力。〔2〕

但是，在司法权的功能中，不仅要注重其政治功能，而且要强化其司法功能。有学者从纠纷解决是司法的原初与直接功能以及司法解决纠纷的最终性、权威性、专业性角度论述了纠纷解决是司法的基础功能。〔3〕法院是公正的场所，法官被视为正义的化身，向社会宣誓公正和正义是司法权神圣的使命。司法判决应当依据法律原则和法律规则依法作出，做到依法裁判，不能以追求所谓的“社会效果”为由来寻找法官们主观上所需要的答案。在行政诉讼中，监督行政机关依法行使职权和保护行政相对人的合法权益，是法律赋予法院的职责，法院不能放弃该职责，不能对行政权力低头而应对法律负责。在审查原告提出的行政诉讼撤诉申请时，法院不仅自己不能强迫或者变相强迫原告申请撤诉，而且还应当切实审查原告是否受到了外界的压力而被迫申请撤诉，从而使原告申请撤诉的意思表示确实

---

〔1〕 孙笑侠：“论司法多元功能的逻辑关系——兼论司法功能有限主义”，载《清华法学》2016年第6期，第9页。

〔2〕 向忠诚：“行政审判权：一种具有政治性的司法权力”，载《行政论坛》2007年第2期，第53~55页。

〔3〕 胡玉桃、江国华：“论现代社会中的司法功能”，载《云南大学学报（法学版）》2014年第3期，第3页、第5页。

出自内心，有效地防止原告的合法权益受到非法侵犯。

与强化司法权的司法功能相适应，还应当遏制司法行政化的现象。对遏制司法行政化的路径与方法，龙宗智教授和袁坚法官从重新塑造法院的功能、尽力阻隔行政性要素进入审判和建立审判独立的“二元模式”、法院管理的“去行政化”的努力、推进法官职业化和主审法官制的改革等四个方面作了精辟论述。〔1〕

2. 建立行政诉讼撤诉审查的检察监督制度

对行政诉讼撤诉审查的检察监督制度，有学者进行了探讨，主要研究了以下几个问题：一是行政诉讼撤诉审查检察监督的依据和基础。从检察监督的性质来看，它是一种对公权力的监督，是一种特殊的、独立的国家活动。检察机关对行政诉讼撤诉审查的监督，包括对法院撤诉审查过程和撤诉审查结果的监督，是检察机关对法院审查撤诉申请的法律适用情况依宪法和法律的授权所进行的专门监督。由于行政诉讼撤诉审查涉及行政相对人诉权、行政机关行政权和法院行政审判权之间的相互关系，需要对公共利益与私人利益的关系进行协调。因此，检察机关有责任监督行政诉讼撤诉审查是否存在侵害公共利益或者滥用司法权等情形。二是行政诉讼撤诉审查检察监督的范围和限度。就范围来讲，从目前的实际情况考虑，比较适宜限定为以下几类案件：因农村土地征收、城市房屋拆迁、资源环境、企业改制、劳动和社会保障等社会热点问题引发的矛盾尖锐、涉及面广、易引发不稳定因素、处理难度大的案件以及具有重大政治影响的行政案件。从限度上讲，行政诉讼撤诉审查监督是一种有限监督，重在程序控制。三是行政诉讼撤诉审查检察

〔1〕 龙宗智、袁坚：“深化改革背景下对司法行政化的遏制”，载《法学研究》2014 年第 1 期，第 141～149 页。

监督的程序和方式。行政诉讼撤诉审查监督的程序分为启动程序、审查程序和落实程序，方式主要包括提出抗诉、再审检察建议书、其他检察建议书和纠正通知书。[1]有学者主张，加强检察机关对行政诉讼撤诉审查的检察监督，应从畅通监督受理渠道、限定重点监督类型和明确监督内容等三个方面进行。[2]

笔者认为，从《宪法》和《行政诉讼法》的规定来看，由检察机关对行政诉讼撤诉审查进行法律监督具有明确的依据，没有必要对监督的范围和限度进行限制。从行政诉讼撤诉审查来看，检察监督的对象是法院作出的是否准许撤诉的裁定是否合法，监督的内容主要在于法院是否强迫或者变相强迫原告撤诉、原告撤诉申请是否受到了行政机关的胁迫等外界因素的影响，法院裁定准许撤诉是否对国家利益、社会公共利益或者他人的合法权益产生损害，法院裁定准许撤诉是否违反了法律的禁止性规定。在程序和方式上，检察机关完全可以适用行政诉讼检察监督的一般规定对行政诉讼撤诉审查进行监督。

---

〔1〕 史艳丽：“行政诉讼撤诉审查的检察监督”，载《人民检察》2012 年第 7 期，第 23~26 页。

〔2〕 张伶：“强化行政诉讼撤诉审查中检察监督的具体途径”，载《江苏法制报》2017 年 8 月 31 日。

# 《关于行政诉讼撤诉若干问题的规定》建议稿（代结论）

## 一、申请撤诉的条件

**第 1 条** 原告以及原告的法定诉讼代理人和特别授权的委托诉讼代理人，有权提出撤诉申请。

必要共同诉讼中，共同原告的一人或者部分人提出撤诉申请，必须经其他共同原告同意。

代表人诉讼中，原告的诉讼代表人有权提出撤诉申请，但必须经所代表的当事人同意。

被告和第三人无权提出撤诉申请。

**第 2 条** 原告申请撤诉，应在人民法院依法立案之后提出。在人民法院立案之前，原告可以直接将案件撤回，不必经人民法院准许。对不符合起诉条件的案件，人民法院应当依法裁定不予立案或者驳回起诉，不能裁定准许撤诉。

在人民法院宣告判决以后或者其他情形下第一审程序结束以后，原告不得提出撤诉申请。

**第 3 条** 原告在被告应诉答辩以后提出撤诉申请的，必须征得被告的同意，但不必征得第三人的同意。

**第 4 条** 原告申请撤诉，必须是自己真实的意思表示，不得受到被告行政机关和其他方面的压力，不得损害国家利益、社会公共利益和他人的合法权益，不得违反法律的禁止性规定。

人民法院对原告的撤诉申请进行审查时，不必审查被诉行政行为的合法性。

**第5条** 对人民法院裁定先予执行或者保全的案件，原告可以提出撤诉申请，但必须征得被告的同意。人民法院裁定准许撤诉后，先予执行或者保全的裁定丧失效力。

**第6条** 在被告提出管辖异议后原告申请撤诉的，在案件的管辖权确定以后，由对案件享有管辖权的人民法院对原告的撤诉申请进行审查并作出裁定。

## 二、申请撤诉的程序规则

**第7条** 原告提出撤诉申请，一般应当采用书面形式。在被告应诉答辩后原告提出撤诉申请的，应按被告人数提交撤诉申请书副本。

在开庭审理过程中，原告可以口头形式提出撤诉申请，由书记员记入笔录。

**第8条** 在被告应诉答辩后原告提出撤诉申请的，人民法院应当在收到撤诉申请书之日起三日内将撤诉申请书副本送达被告。被告应当在收到撤诉申请书副本之日起五日内提出是否同意原告撤诉申请的书面意见；逾期不提出的，视为同意。

原告在开庭审理过程中提出撤诉申请的，人民法院应当当庭征求被告的意见，由书记员记入笔录；开庭审理时被告未到庭的，人民法院应将原告口头撤诉申请的笔录书面告知被告，由被告依本条第一款的规定行使是否同意的权利。

**第9条** 人民法院在裁定是否准许原告的撤诉申请前，必须询问原告，向原告告知撤诉的法律后果，核实撤诉申请是否是原告真实的意思表示，并应当将询问和告知情况制作笔录。

**第10条** 人民法院应当在收到原告的撤诉申请之日起十五

日内作出裁定。

人民法院作出准许或者不准许撤诉的裁定，均应采用书面形式。裁定书应当说明事实、理由和依据，并送达双方当事人。

**第11条** 人民法院采取欺骗、胁迫等非法手段强迫或者变相强迫原告提出撤诉申请的，依法追究有关人员的责任。

在人民法院的业绩考核指标中，撤诉不纳入人民法院结案的统计范围。

## 三、撤诉与被诉行政行为的改变

**第12条** 在行政诉讼中，人民法院不能建议被告改变被诉行政行为。

**第13条** 原告同意被告改变被诉行政行为并申请撤诉的，人民法院按本规定第一条至第十一条规定的申请撤诉的条件和程序进行审查，不能审查原告未起诉的被告改变后的行政行为的合法性。

## 四、拟制撤诉制度

**第14条** 经人民法院传票传唤，原告无正当理由拒不到庭或者未经法庭许可中途退庭的，人民法院应当向原告送达按要求实施诉讼行为的通知；原告收到通知后一个月仍不按人民法院的要求实施诉讼行为的，人民法院按本规定第一条至第十一条规定的申请撤诉的条件和程序进行审查后，裁定按撤诉处理。

**第15条** 原告在起诉后没有依法解决预交案件受理费问题的，人民法院作出不予立案或驳回起诉的裁定，不按撤诉处理。

## 五、撤诉的法律后果

**第16条** 人民法院裁定准许原告撤诉或者按撤诉处理后，

原告以同一事实和理由在法定的起诉期限内重新起诉的，人民法院应当受理。原告重新起诉的期限不因撤诉而中断。

**第 17 条**　人民法院裁定准许撤诉或者按撤诉处理后，当事人有证据证明有下列情形之一，向人民法院申请再审的，人民法院应当再审：

（一）申请撤诉不是原告真实的意思表示，或者原告不存在按撤诉处理情形的；

（二）准许撤诉或者按撤诉处理损害国家利益、社会公共利益和他人的合法权益，或者违反法律的禁止性规定的；

（三）在被告应诉答辩后，人民法院裁定准许撤诉或者按撤诉处理未征得被告同意的；

（四）人民法院作出准许撤诉的裁定之前，未询问申请撤诉的原告，或者对申请撤诉的原告未进行风险告知的。

人民法院再审后，认定原准许撤诉或者按撤诉处理的裁定确有错误的，撤销原裁定，由原来审理该案件的人民法院继续对案件进行审理。

**第 18 条**　人民法院裁定不准许撤诉或者人民法院不按撤诉处理的，应当继续依法对案件进行审理，及时作出裁判。

**第 19 条**　人民法院裁定不准许撤诉或者人民法院不按撤诉处理，经人民法院传票传唤，原告无正当理由拒不到庭或者未经法庭许可中途退庭的，人民法院可以缺席判决。

## 六、撤诉与行政诉讼调解

**第 20 条**　依行政诉讼法第六十条第一款的规定，人民法院审理行政赔偿、行政补偿以及行政机关行使法律、法规规定的自由裁量权的案件，可以进行调解。

行政机关行使法律、法规规定的自由裁量权的案件，是指行政机关在法律、法规规定范围内行使自由裁量权的行政合同案件以及行政处罚明显不当的或者其他行政行为涉及对数额的确定、认定确有错误的案件。

对于下列案件，不得适用行政诉讼调解：

（一）行政机关对法律、法规没有灵活适用地作出羁束性行政行为的案件；

（二）行政机关超越法律、法规规定的范围行使自由裁量权的案件；

（三）行政机关在法律、法规规定范围内严重违反行政合理性原则行使自由裁量权的案件，但本条第二款另有规定的除外。

行政机关在法律、法规规定范围内实施的一般违反行政合理性原则的行为，不属于行政诉讼法的受案范围，人民法院应当裁定不予立案或者驳回起诉。

**第21条** 行政诉讼调解，应坚持行政诉讼法第六十条第一款规定的自愿原则和合法原则。

在行政诉讼调解过程中，人民法院应当审查原告同意参加调解和同意接受调解协议的内容是否受到被告行政机关或其他外界的压力，是否是其真实的意思表示。原告同意参加调解和同意接受调解协议的内容，除表示自愿和在调解协议上签字外，还应当向人民法院提交确属自愿参加调解和自愿接受调解协议内容的由本人签字的书面声明。

**第22条** 行政诉讼调解的程序、调解与审判的关系、调解协议的效力、调解的救济等问题，适用民事诉讼法的有关规定。

**第23条** 在行政诉讼中，人民法院主持当事人达成调解协议的，应当制作调解书，不得裁定准许撤诉。

## 七、第二审程序和再审程序中撤诉制度的特殊规定

**第24条** 第二审程序和再审程序中的撤诉制度，自身有特

殊规定的，适用特殊规定；没有特殊规定的，适用本规定的其他有关规定。

**第 25 条** 上诉人或者再审申请人有权申请撤回上诉或者撤回再审申请。原告在第二审程序和再审程序中不得撤回起诉。在第二审程序和再审程序中，对原告也不得按撤诉处理。

**第 26 条** 双方当事人都提起上诉或者申请再审的，一方当事人申请撤回上诉或者撤回再审申请，不影响另一方当事人提起上诉或者申请再审的权利，人民法院对另一方当事人提起上诉或者申请再审的案件继续审理。

**第 27 条** 经人民法院传票传唤，上诉人或者再审申请人无正当理由拒不到庭或者未经法庭许可中途退庭的，人民法院应当向上诉人或者再审申请人送达按要求实施诉讼行为的通知；上诉人或者再审申请人收到通知后一个月仍不按人民法院要求实施诉讼行为的，人民法院依法进行审查后裁定按撤回上诉或者撤回再审申请处理。

**第 28 条** 对检察机关依当事人申请提出再审检察建议或抗诉的案件，申请提出再审检察建议或抗诉的当事人有权向人民法院申请撤回再审案件，对申请提出再审检察建议或抗诉的当事人可以适用本规定第二十七条的规定按撤回再审申请处理。

**第 29 条** 对人民法院依职权启动再审的案件，申诉人不得撤回申诉，对申诉人也不得适用本规定第二十七条的规定处理。

**第 30 条** 人民法院裁定准许上诉人撤回上诉，一审裁判发生法律效力，当事人不得再次提起上诉。人民法院裁定准许再审申请人撤回再审申请，人民法院如果作出了中止原生效裁判执行的裁定的，也应一并裁定撤销，当事人不得再次向人民法院申请再审。

# 参考文献

## 一、著作类


1. 龚祥瑞主编:《法治的理想与现实》，中国政法大学出版社 1993 年版。
2. 马怀德主编:《行政诉讼法学》（第 4 版），北京大学出版社 2015 年版。
3. 应松年主编:《行政诉讼法学》（第 6 版），中国政法大学出版社 2015 年版。
4. 江必新、梁凤云:《行政诉讼法理论与实务》（第 3 版）（下），法律出版社 2016 年版。
5. 姜明安主编:《行政法与行政诉讼法》（第 6 版），北京大学出版社、高等教育出版社 2015 年版。
6. 章剑生主编:《行政法与行政诉讼法》，北京大学出版社 2014 年版。
7. 陈桂明:《程序理念与程序规则》，中国法制出版社 1999 年版。
8. 《英国民事诉讼规则》，徐昕译，中国法制出版社 2001 年版。
9. 薛刚凌主编:《外国及港澳台行政诉讼制度》，北京大学出版社 2006 年版。
10. 江利红:《日本行政诉讼法》，知识产权出版社 2008 年版。
11. 何海波:《实质法治：寻求行政判决的合法性》，法律出版社 2009 年版。
12. 贺海仁:《无讼的世界：和解理性与新熟人社会》，北京大学出版社 2009 年版。
13. 梁治平:《法辨——中国法的过去、现在和未来》，贵州人民出版社 1992 年版。
14. 何勤华:《法律文化史论》，法律出版社 1998 年版。
15. ［美］E. 博登海默:《法理学：法律哲学与法律方法》，邓正来译，中国政法大学出版社 2004 年版。
16. 郭成伟、宋英辉主编:《当代司法体制研究》,中国政法大学出版社 2002 年版。
17. 马怀德主编:《行政诉讼原理》(第 2 版),法律出版社 2009 年版。
18. [美] 汉密尔顿、杰伊、麦迪逊:《联邦党人文集》,程逢如、在汉、舒逊译,商务印书馆 1980 年版。
19. 孙万胜:《司法权的法理之维》,法律出版社 2002 年版。
20. 杨寅:《中国行政程序法治化——法理学与法文化的分析》,中国政法大学出版社 2001 年版。
21. 陈桂明:《诉讼公正与程序保障:民事诉讼程序之优化》,中国法制出版社 1996 年版。
22. 顾培东:《社会冲突与诉讼机制》(修订版),法律出版社 2004 年版。
23. [美] 伯尔曼:《法律与宗教》,梁治平译,中国政法大学出版社 2003 年版。
24. 章武生等:《司法现代化与民事诉讼制度的建构》,法律出版社 2000 年版。
25. 夏甄陶:《关于目的的哲学》,上海人民出版社 1982 年版。
26. 郑孝颖:《刑事诉讼法要义(解表)》,五南图书出版公司 1981 年版。
27. [印] M. P. 赛夫:《德国行政法》,周伟译,五南图书出版公司 1991 年版。
28. 张尚鷟主编:《走出低谷的中国行政法学——中国行政法学综述与评价》,中国政法大学出版社 1991 年版。
29. 杨建顺:《日本行政法通论》,中国法制出版社 1998 年版。
30. 胡肖华:《行政诉讼基本理论问题研究》,湖南人民出版社 1999 年版。
31. 张树义:《冲突与选择——行政诉讼的理论与实践》,时事出版社 1992 年版。
32. 杨解君等:《行政法与行政诉讼法》,清华大学出版社 2009 年版。
33. 薛刚凌:《行政诉权研究》,华文出版社 1999 年版。
34. 陈安明、沙奇志:《中国行政法学》,中国法制出版社 1992 年版。
35. 樊崇义主编:《诉讼原理》,法律出版社 2003 年版。

36. ［日］棚濑孝雄：《纠纷的解决与审判制度》，王亚新译，中国政法大学出版社 2004 年版。
37. ［德］弗里德赫尔穆·胡芬：《行政诉讼法》（第 5 版），莫光华译，刘飞校，法律出版社 2003 年版。
38. 沈福俊：《中国行政救济程序论》，北京大学出版社 2008 年版。
39. ［美］L. 科塞：《社会冲突的功能》，孙立平等译，华夏出版社 1989 年版。
40. 马怀德主编：《司法改革与行政诉讼制度的完善——〈行政诉讼法〉修改建议稿及理由说明书》，中国政法大学出版社 2004 年版。
41. 罗豪才、应松年主编：《行政诉讼法学》，中国政法大学出版社 1990 年版。
42. 甘文：《行政诉讼法司法解释之评论——理由、观点与问题》，中国法制出版社 2000 年版。
43. 张步洪、王万华编著：《行政诉讼法律解释与判例述评》，中国法制出版社 2000 年版。
44. 张树义主编：《寻求行政诉讼制度发展的良性循环》，中国政法大学出版社 2000 年版。
45. 江必新、梁凤云：《行政诉讼法理论与实务》（第 3 版）（上），法律出版社 2016 年版。
46. 翁岳生编：《行政法》（下册），中国法制出版社 2002 年版。
47、莫于川主编：《行政法学原理与案例教程》，中国人民大学出版社 2007 年版。
48. 杨力：《司法多边主义：以中国社会阶层化发展趋势为主线》，法律出版社 2010 年版。
49. ［英］亚当·斯密：《国民财富的性质和原因的研究》（下），郭大力、王亚南译，商务印书馆 1972 年版。

## 二、期刊、论文类

1. 解志勇：“行政诉讼撤诉：问题与对策”，载《行政法学研究》2010 年第 2 期。

2. 徐苏刚、谭剑："非正常撤诉——行政诉讼中的法律规避"，载《海南大学学报（人文社会科学版）》2004 年第 4 期。
3. 高凌："限制撤诉目的是保护原告利益"，载《民主与法制时报》2008 年 9 月 15 日。
4. 胡玉鸿："关于行政诉讼法第五十一条的几个问题"，载《河北法学》1992 年第 1 期。
5. 林莉红、宋国涛："中国行政审判法官的知与行——《行政诉讼法》实施状况调查报告·法官卷"，载《行政法学研究》2013 年第 2 期。
6. 黄学贤："行政诉讼撤诉若干问题探讨"，载《法学》2010 年第 10 期。
7. 李潇潇："民事一审撤诉的类型化研究"，载《华东政法大学学报》2015 年第 4 期。
8. 张宜群："试论行政诉讼中'异化和解'的限制原则——兼评析《关于行政诉讼撤诉若干问题的规定》第二条第二项"，载《广西政法管理干部学院学报》2009 年第 1 期。
9. 吕存诚："行政诉讼撤诉制度的发展路径——以民事诉讼撤诉制度为比较"，载《绍兴文理学院学报（人文社会科学）》2008 年第 5 期。
10. 张建平："对行政诉讼中撤诉的再认识"，载《山东法学》1991 年第 3 期。
11. 谭炜杰："从撤诉到契约：当代中国行政诉讼和解模式之转型"，载《行政法学研究》2012 年第 3 期。
12. 沈福俊："和谐统一的行政诉讼协调和解机制"，载《华东政法大学学报》2007 年第 6 期。
13. 刘斌："行政诉讼调解实证分析"，载《法律适用（司法案例）》2017 年第 6 期。
14. 钱慧智："论我国撤诉型和解的瑕疵救济"，载《江苏警官学院学报》2013 年第 4 期。
15. 梁潇："自下而上改革：对行政诉讼'和解撤诉'的检视——以诉讼参与人的选择评价为视角"，载《河北法学》2016 年第 4 期。
16. 高鸿钧："法律文化的语义、语境及其中国问题"，载《中国法学》2007 年第 4 期。

17. 张文显："法律文化的释义"，载《法学研究》1992 年第 5 期。
18. 王平："中国传统法律文化：特质、根源与转换路径"，载《科学社会主义》2008 年第 4 期。
19. 于游："解读中国传统法律文化中的无讼思想"，载《法律文化研究》2009 年第 0 期。
20. 彭凤莲："追求和谐：传统与现代的链接——以传统法律文化为视角"，载《法学杂志》2010 年第 8 期。
21. 苏生："试析民事诉讼程序安定制度"，载《法学杂志》2000 年第 2 期。
22. 孙林："试析民事诉讼程序安定制度"，载《福建法学》2000 年第 3 期。
23. 陈桂明、李仕春："程序安定论——以民事诉讼为对象的分析"，载《政法论坛》1999 年第 5 期。
24. 杨会新："当事人诉讼行为的意思表示瑕疵——基于程序安定与意思自治双重维度的考查"，载《法律科学（西北政法大学学报）》2017 年第 4 期。
25. 孙山、易利娟："司法地缘化对独立行使审判权之影响——行政诉讼价值取向应实现与行政审判体制改革相契合的法治效果"，载《天津法学》2013 年第 4 期。
26. 左卫民："法院制度功能之比较研究"，载《现代法学》2001 年第 1 期。
27. 蒋红珍、李学尧："论司法的原初与衍生功能"，载《法学论坛》2004 年第 2 期。
28. 孙笑侠："论司法多元功能的逻辑关系——兼论司法功能有限主义"，载《清华法学》2016 年第 6 期。
29. 姚莉："功能与结构：法院制度比较研究"，载《法商研究》2003 年第 2 期。
30. 程竹汝："论现代司法的政治制度化功能"，载《政治学研究》2002 年第 2 期。
31. 陈琦华："当代中国司法政治功能内涵及其价值"，载《政治与法律》

2013 年第 1 期。
32. 杨建军："'司法能动'在中国的展开"，载《法律科学（西北政法大学学报）》2010 年第 1 期。
33. 杨建军："中国能动司法理论的宪政逻辑"，载《法学论坛》2011 年第 1 期。
34. 公丕祥："当代中国能动司法的意义分析"，载《江苏社会科学》2010 年第 5 期。
35. 彭金治、杜忠连："社会转型期能动司法的法治意蕴"，载《黑龙江社会科学》2015 年第 2 期。
36. 周永坤："能动司法有违司法常识"，载《北京日报》2017 年 2 月 27 日。
37. 赵琪："浅谈司法能动主义与能动司法"，载《黑龙江省政法管理干部学院学报》2016 年第 4 期。
38. 张卫平："论我国法院体制的非行政化——法院体制改革的一种基本思路"，载《法商研究》2000 年第 3 期。
39. 龙宗智、袁坚："深化改革背景下对司法行政化的遏制"，载《法学研究》2014 年第 1 期。
40. 陈新："论和谐社会理念下行政诉讼价值之重构"，载《内蒙古农业大学学报（社会科学版）》2008 年第 3 期。
41. 刘善春："行政诉讼价值论"，载陈光中、江伟主编：《诉讼法论丛》（第 2 卷），法律出版社 1998 年版。
42. 孙笑侠："两种程序法类型的纵向比较——兼论程序公正的要义"，载《法学》1992 年第 8 期。
43. 张令杰："程序法的几个基本问题"，载《法学研究》1994 年第 5 期。
44. 郭伟林："论民事诉讼程序的公正性"，载《南京大学法律评论》1994 年创刊号。
45. 谭剑："非正常撤诉与法律规避"，载《中南民族大学学报（人文社会科学版）》2010 年第 1 期。
46. 崔卓兰："公民本位：我国行政诉讼法的目的"，载《法学》1989 年第 3 期。

47. 董茂云、唐建强："论行政诉讼中的人权保障"，载《复旦学报（社会科学版）》2005年第1期。
48. 林莉红："我国行政诉讼法学的研究现状及其发展趋势"，载《法学评论》1998年第3期。
49. 寇学军："关于行政审判对行政职权'柔性'监督与'刚性'监督的思考"，载《行政与法》2008年第7期。
50. 吕利秋："行政诉讼目的——形式真实"，载《行政法学研究》1994年第1期。
51. 宋炉安："解决争议：行政审判的主要目标"，载《法制日报》2007年4月5日。
52. 徐永平："公权正义与行政诉讼目的初探"，载《理论研究》2007年第2期。
53. 向忠诚："行政诉讼目的研究"，载《河北法学》2004年第12期。
54. 刘运毛："对我国行政诉讼目的的检讨与反思"，载《杭州商学院学报》2002年第2期。
55. 朱汉卿："是'监督'，还是'维护和监督'——行政诉讼法立法宗旨浅析"，载《广西政法管理干部学院学报》2003年第6期。
56. 胡卫列："行政诉讼目的论"，中国政法大学2003年博士学位论文。
57. 杨世建："行政诉讼目的新论"，载《云南大学学报（法学版）》，2010年第6期。
58. 范培根："行政诉讼的目的初探"，载《上海政法学院学报（法治论丛）》2001年第5期。
59. 曾竹："论行政诉讼法律制度的目的"，载《行政与法》2006年第9期。
60. 刘红玉、王晖："论行政诉讼的目的"，载《湘潭师范学院学报（社会科学版）》2006年第6期。
61. 胡肖华："行政诉讼目的论"，载《中国法学》2001年第6期。
62. 赵清林："类型化视野下行政诉讼目的新论"，载《当代法学》2017年第6期。
63. 向忠诚："行政诉讼类型研究"，载《湖南科技学院学报》2005年第

2 期。
64. 梁君瑜："行政诉权论：研究对象、现实意义与轴心地位"，载《河南财经政法大学学报》2018 年第 1 期。
65. 张显伟："行政诉权及其保障"，载《广西民族学院学报（哲学社会科学版）》2004 年第 4 期。
66. 高家伟："论行政诉权"，载《政法论坛》1998 年第 1 期。
67. 章志远，郝炜："行政再审程序之改造——以行政诉权保障为分析视角"，载《苏州大学学报（哲学社会科学版）》2007 年第 4 期。
68. 李湘刚："论完整意义上的公民行政诉权的构建"，载《政治与法律》2011 年第 6 期。
69. 赵正群："行政诉权在中国大陆的生成及其面临的挑战"，载陈光中、江伟主编：《诉讼法论丛》（第 6 卷），法律出版社 2001 年版。
70. 魏昕："行政相对人诉权保护初探"，载《行政论坛》2003 年第 4 期。
71. 王振清："谈谈行政诉讼中的诉与诉权"，载《行政法学研究》1996 年第 4 期。
72. 郭昕："行政诉权保护之浅见"，载《安徽警官职业学院学报》2006 年第 2 期。
73. 乔继东："行政诉权与行政诉讼受案范围"，载《行政论坛》2006 年第 5 期。
74. 孔繁华："行政诉权的法律形态及其实现路径——兼评最高人民法院法发［2009］54 号文件"，载《法学评论》2011 年第 1 期。
75. 付辉："行政诉权行使的合理限度——诉权保障的逆向思考"，载《法学杂志》2018 年第 5 期。
76. 孔繁华："滥用行政诉权之法律规制"，载《政法论坛》2017 年第 4 期。
77. 邹政："诉讼行为界定标准重述——兼论与私法行为的区别"，载《西南政法大学学报》2010 年第 6 期。
78. 彭明："诉讼行为分析"，载《江西社会科学》2002 年第 12 期。
79. 廖永安："法院诉讼行为要论"，载《法学家》2003 年第 2 期。
80. 张家慧："意思表示不真实诉讼行为的救济"，载《法学研究》2002 年第 2 期。
81. 高春贵:“论行政诉讼当事人处分权之法律保护”,载《长沙大学学报》2006 年第 3 期。
82. 向忠诚、邓辉辉:“行政权与行政审判权之间的关系”,载《广西社会科学》2006 年第 7 期。
83. 向忠诚:“论行政审判权的有限性”,载《桂海论丛》2007 年第 6 期。
84. 刘立明:“法治中国进程中传统法律文化的理性传承”,载《理论月刊》2015 年第 9 期。
85. 钟桂荣:“对中国传统法律文化合理性的反思”,载《东南学术》2015 年第 2 期。
86. 何勤华:“弘扬传统法律文化,建设现代法治国家”,载《中国法律评论》2018 年第 1 期。
87. 马建红:“传统法律文化调适的必要与可能”,载《法学杂志》2012 年第 12 期。
88. 向忠诚:“行政诉讼第三人制度研究”,载《时代法学》2004 年第 5 期。
89. 吕娜娜:“论构建行政诉讼第三人撤诉制度”,载《广西民族大学学报(哲学社会科学版)》2011 年第 1 期。
90. 郭小冬:“撤诉制度的有关问题初探”,载《河北法学》2000 年第 3 期。
91. 刘若楠:“我国撤诉契约初探”,载《牡丹江大学学报》2017 年第 4 期。
92. 张乃慈:“浅析行政诉讼撤诉制度在实践中的应用”,载《法学杂志》1991 年第 2 期。
93. 唐芬:“行政诉讼撤诉制度探析”,载《重庆师范大学学报(哲学社会科学版)》2006 年第 6 期。
94. 张显伟:“论对行政诉讼撤诉申请的审查”,载《行政法学研究》2009 年第 3 期。
95. 刘京柱、阳城:“行政案件撤诉率居高不下的原因及对策建议”,载《行政与法》1997 年第 4 期。
96. 王福华:“正当化撤诉”,载《法律科学(西北政法大学学报)》2006 年第 2 期。
97. 黄学贤:“行政诉讼中被告改变具体行政行为研究的学术梳理”,载

《法治研究》2010年第12期。
98. 阎桂芳："行政诉讼撤诉制度研究"，载《中国海洋大学学报（社会科学版）》2007年第6期。
99. 霍海红："撤诉的诉讼时效后果"，载《法律科学（西北政法大学学报）》2014年第5期。
100. 林剑锋："设定与限制：论民事上诉审中的撤诉"，载《中外法学》2015年第3期。
101. 吴克坤："部分当事人下落不明——原审原告二审中可撤诉"，载《人民法院报》2016年8月25日。
102. 李浩："处分原则与审判监督——对第7号指导性案例的解读"，载《法学评论》2012年第6期。
103. 林莉红："论行政诉讼中的协调——兼评诉讼调解"，载《法学论坛》2010年第5期。
104. 姜明安："'协调和解'：还需完善法律依据"，载《法制日报》2007年4月4日。
105. 章剑生："寻求行政诉讼和解在法律规范上的可能性——法律解释方法之视角"，载《当代法学》2009年第2期。
106. 胡建淼、唐震："行政诉讼调解、和解抑或协调和解——基于经验事实和规范文本的考量"，载《政法论坛》2011年第4期。
107. 黄学贤："论行政诉讼调解制度的要件、构架和基础"，载《江苏行政学院学报》2008年第5期。
108. 缪文升："行政诉讼调解：基于能动司法的语义、功能及限度分析"，载《行政论坛》2011年第2期。
109. 喻文光："行政诉讼调解的理论基础与制度建构"，载《华东政法大学学报》2013年第1期。
110. 白雅丽："论中国行政诉讼和解制度的建立"，载《现代法学》2006年第3期。
111. 张淑芳："行政诉讼和解问题探讨"，载《行政法学研究》2004年第3期。
112. 向忠诚："论行政诉讼中的调解"，载《江西行政学院学报》2004年第 4 期。
113. 王晓强:“行政诉讼调解制度的相关问题探析——以新修订的《行政诉讼法》为研究对象”，载《福建法学》2015 年第 3 期。
114. 常怡:“论撤诉”，载《现代法学》1984 年第 3 期。
115. 陈立风:“我国行政诉讼调解制度的适用范围及程序设计的具体建构”，载《河南师范大学学报（哲学社会科学版）》2007 年第 4 期。
116. 周佑勇:“和谐社会与行政诉讼和解的制度创新”，载《法学论坛》2008 年第 3 期。
117. 段小京:“《关于行政诉讼撤诉若干问题的规定》的理解与适用”，载《人民司法》2008 年第 3 期。
118. 王跃:“比较法视野中的行政诉讼调解制度”，载《求索》2008 年第 7 期。
119. 方世荣:“我国行政诉讼调解的适用范围、模式及方法”，载《法学评论》2012 年第 2 期。
120. 王玉全:“新《行政诉讼法》中行政诉讼调解制度研究”，载《唐山师范学院学报》2016 年第 1 期。
121. 陈文明:“行政诉讼调解制度的完善”，载《江苏经济报》2016 年 2 月 24 日。
122. 黄学贤:“行政诉讼调解若干热点问题探讨”，载《法学》2007 年第 11 期。
123. 郑宁、龙非:“行政诉讼和解的容许性要件研究”，载《法治研究》2007 年第 12 期。
124. 汪文颖:“行政诉讼调解制度研究——基于《行政诉讼法》第六十条”，载《黄冈职业技术学院学报》2017 年第 2 期。
125. 陈卫东:“中国司法体制改革的经验——习近平司法体制改革思想研究”，载《法学研究》2017 年第 5 期。
126. 陈光中、魏晓娜:“论我国司法体制的现代化改革”，载《法学研究》2015 年第 1 期。
127. 秦前红、苏绍龙:“深化司法体制改革需要正确处理的多重关系——以十八届四中全会《决定》为框架”，载《法律科学（西北政法大学学报）》2015 年第 1 期。
128. 李少平：“人民法院深化司法体制改革的理论与实践”，载《中国应用法学》2017 年第 5 期。
129. 季卫东：“司法体制改革的目标和评价尺度”，载《人民法院报》2017 年 4 月 5 日。
130. 胡昌明：“司法体制改革评估的衡量标准及方法”，载《中国法律评论》2018 年第 3 期。
131. 胡仕浩：“十八大以来人民法院司法体制改革的路径与发展”，载《领导科学论坛》2017 年第 16 期。
132. 汤瑜：“聚集十九大后首次司法体制改革推进会”，载《民主与法制时报》2018 年 7 月 28 日。
133. 马怀德、解志勇：“行政诉讼案件执行难的现状及对策——兼论建立行政法院的必要性与可行性”，载《法商研究》1999 年第 6 期。
134. 马怀德、王亦白：“透视中国的行政审判体制：问题与改革”，载《求是学刊》2002 年第 3 期。
135. 汪厚冬、黄学贤：“设立行政法院热的冷思考”，载《中州学刊》2015 年第 2 期。
136. 朱学磊：“中国行政法院热的冷思考”，载《江苏警官学院学报》2015 年第 3 期。
137. 刘炎、吴俊明：“行政法院否定性思考”，载《牡丹江大学学报》2016 年第 8 期。
138. 江必新：“中国行政审判体制改革研究——兼论我国行政法院体系构建的基础、依据及构想”，载《行政法学研究》2013 年第 4 期。
139. 解志勇：“行政法院：行政诉讼困境的破局之策”，载《政法论坛》2014 年第 1 期。
140. 梁凤云：“关于对中国特色行政法院体系的基本设想”，载《行政法学研究》2015 年第 1 期。
141. 廖希飞：“行政审判体制改革的最佳路径——建立行政法院”，载《财经法学》2016 年第 6 期。
142. 曹荣刚：“我国设立行政法院的可行性探析”，载《人民法治》2016

年第 11 期。
143. 向忠诚:“行政审判权：一种具有政治性的司法权力”，载《行政论坛》2007 年第 2 期。
144. 胡玉桃、江国华:“论现代社会中的司法功能”，载《云南大学学报(法学版）》2014 年第 3 期。
145. 史艳丽:“行政诉讼撤诉审查的检察监督”，载《人民检察》2012 年第 7 期。
146. 张伶:“强化行政诉讼撤诉审查中检察监督的具体途径”，载《江苏法制报》2017 年 8 月 31 日。